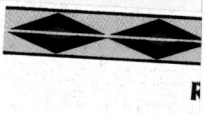

Espíritus
y Fantasmas

Acerca del autor

Richard Southall (West Virginia) ha estado interesado en actividades paranormales desde muy joven. En la actualidad posee grados en periodismo y psicología. Su trabajo ha aparecido en numerosos periódicos y revistas locales y nacionales, incluyendo *Fate*. Richard disfruta de la fotografía, la escritura, su tiempo al aire libre, la música Blues, tradicional en los Estados Unidos, y los fenómenos paranormales. En la actualidad está escribiendo dos obras; una es una colección de historias cortas y la otra trata sobre temas locales de su lugar de nacimiento, West Virginia.

Correspondencia al autor

Para contactar o escribir al autor, o para obtener más información sobre este libro, envíe su correspondencia a Llewellyn Español para serle remitida al mismo. La casa editora y el autor agradecen su interés y sus comentarios sobre la lectura de este libro y sus beneficios obtenidos. Llewellyn Español no garantiza que todas las cartas enviadas serán contestadas, pero le asegura que serán remitidas al autor.

Por favor escribir a:

Richard Southall
% Llewellyn Español
P.O. Box 64383, Dept. 0-7387-0382-6
St. Paul, MN 55164-0383, U.S.A.

Incluya un sobre estampillado con su dirección y $US 1.00 para cubrir costos de correo. Fuera de los Estados Unidos incluya el cupón de correo internacional.

Muchos de los autores de Llewellyn tienen sitios en el Internet. Visite la página de Llewellyn para más información.

Espíritus y Fantasmas

Cómo investigar evidencias paranormales

Richard Southall

Traducido al idioma Español por
Héctor Ramírez y Edgar Rojas

2003
Llewellyn Español
St. Paul, Minnesota 55164-0383, U.S.A.

PRIMERA EDICIÓN
primera impresión, 2003

Edición y coordinación general: Edgar Rojas
Diseño de la portada: Gavin Dayton Duffy
Foto de la portada: House image © 2002
Beerman Collection / SuperStock
Título original en Inglés: *How to Be a Ghost Hunter*
Traducción al idioma Español: Héctor Ramírez y Edgar Rojas

Biblioteca del Congreso. Información sobre esta publicación.
Library of Congress Cataloging-in-Publication Data
Pending. Pendiente.

ISBN 0-7387-0382-6

Llewellyn Español
Una división de Llewellyn Worldwide, Ltd.
P.O. Box 64383, Dep. 0-7387-0382-6
St. Paul, MN 55164-0383, U.S.A.
www.llewellynespanol.com

Impreso en los Estados Unidos de América.

Dedicatoria y agradecimientos

Mi sincero agradecimiento y gratitud a muchas personas, ya que sin su ayuda este libro no habría sido realizado: Susan Sheppard, Crystal Howard, Laura y Tyler Boyle, Tracy Workman, Myssi Gable, Keith Southall, Kenneth Southall, Dovie Southall y todos los que contribuyeron con historias, ofrecieron una idea o simplemente me apoyaron a través de este largo proceso. Agradecimientos especiales a MAJDA y la International Ghost Hunters' Society (IGHS), por suministrar algunas de las fotos usadas en este libro.

Quiero dedicar este trabajo a dos personas muy especiales en mi vida: a mi sobrina y futura investigadora de este tipo de fenómenos, Morgan Southall, cuya curiosidad e imaginación fue siempre un encanto; y a mi cariñosa prometida Debra, cuya fe y dedicación en mí fue una inspiración. ¡Estoy tan feliz de que estés en mi vida! ¡Te amo!

También quiero dedicar este libro a usted, como lector y entusiasta de estos temas.

Septiembre de 2001

Contenido

Introducción
¿Por qué una guía sobre espíritus y fantasmas?

LIBROS SOBRE FENÓMENOS paranormales han sido escritos por muchas personas en años recientes. La mayoría de publicaciones sobre fantasmas y espíritus puede por lo general dividirse en dos categorías. La primera clase sólo ofrece relatos de eventos paranormales reales sin dar mucha explicación sobre las experiencias de las personas involucradas. Aunque esta puede ser una lectura muy entretenida para una noche fría junto a la chimenea, no capta el impacto de la realidad de los fantasmas y espíritus en la vida de la gente. Muchas de las historias son novelizadas y exageradas hasta el punto de que puede encontrarse muy poco sobre el relato real.

La segunda clase es casi exactamente lo contrario, introduciéndose en la gran cantidad de teorías e investigaciones asociadas con fantasmas y otros eventos paranormales. Sin embargo, hurgando en la mecánica de fantasmas y espíritus, generalmente se pierde la magia y el misterio de los relatos personales.

Este libro ha sido escrito desde una perspectiva ligeramente distinta. Muchas personas que leen publicaciones sobre lo paranormal, ya están familiarizadas con este tema y los fantasmas, por eso no detallaré muchas de las historias famosas. Tampoco haré de este libro, una lectura de referencia. Está destinado a ser un manual para personas que tienen interés en investigar fenómenos paranormales. Aunque presentaré historias que he experimentado personalmente o han sido vividas y transmitidas por fuentes confiables, las uso sólo para ilustrar tipos específicos de fenómenos que usted puede encontrar. Los relatos que presento no abarcarán todo el texto, como sucede en otros libros sobre lo paranormal.

Cómo me convertí en un investigador de fantasmas

Siendo un adolescente, empecé mis investigaciones paranormales examinando mi propia casa, la cual tenía mucha actividad paranormal. Vivía en la parte rural del condado de Jackson, en West Virginia, y sus habitantes, aunque amigables y serviciales, preferían ser muy reservados y desde luego no hablaban con nadie acerca de cosas tales como fantasmas y espíritus. De este modo, no recibía ayuda para investigar lo que sucedía en mi tierra natal a mediados de los años ochenta.

Nuestra familia se mudó a una pequeña granja fuera de Ripley, West Virginia, a comienzos de los ochentas. Poco después de instalarnos, empezaron a suceder cosas extrañas. Al principio, pequeños objetos parecían extraviarse, sólo para ser encontrados semanas después en lugares obvios. Durante el día, cuando mi madre estaba sola en casa y mis hermanos y yo nos encontrábamos en la escuela, ella empezaba a oír golpes en la puerta. Por supuesto, al abrirla nadie estaba ahí.

En una ocasión, mi madre estaba sentada en la sala cuando la temperatura del cuarto bajo repentinamente hasta sentirse muy fría. Ella oyó un ruido arriba, como si alguien con botas pesadas estuviera caminando. El sonido continuó escalera abajo, y cuando llegó a la base, los pasos se detuvieron. Esto empezó a ocurrir a la misma hora cada mes durante más de ocho meses. Cada vez, el sonido bajaba la escalera, la puerta se abría y el sonido desaparecía hasta el siguiente mes, cuando empezaba de nuevo. Mi madre tenía miedo de mencionarlo, pues no quería asustarnos a todos. No sabía que nosotros estábamos teniendo nuestros propios encuentros.

A comienzos del otoño, después del primer incidente en la escalera, mi hermano mayor y yo estábamos en casa una lluviosa tarde de sábado. De repente la casa empezó a enfriarse mucho (la casa estaba cubierta con un buen material térmico y era un día templado). Los pasos comenzaron, la puerta junto a la escalera se abrió, y —de nuevo— nadie se encontraba ahí. Mi hermano subió con un rifle para ver si alguien había entrado a la casa, pero no encontró nada en las dos habitaciones vacías de arriba, que eran usadas para almacenaje. Le contamos a nuestra madre cuando regresó a casa. Ahí fue cuando nos habló de sus propias experiencias.

Luego en ese mismo mes, mi madre se despertó alrededor de las 3:00 una mañana. Su alcoba estaba contigua al cuarto de baño, y parado en la puerta de éste había un hombre de aspecto amenazador vestido con un uniforme de la Guerra Civil. Era muy alto y delgado, y usaba gafas con montura de alambre. Mi madre se levantó de la cama y, cuando se acercó a él, la imagen simplemente desapareció. Esta fue la única aparición real que alguien de la familia vio en la casa. Con el tiempo los fenómenos se hicieron menos frecuentes y, después de unos años, cesaron por completo.

Estos fenómenos fueron suficientes para despertar mi curiosidad sobre la historia de la casa y el área que la rodeaba. Después de hacer mis investigaciones, encontré que soldados confederados habían marchado por el área donde estaba la vivienda. En esa zona no hubo batallas importantes, pero a pesar de eso nuestra casa aparentemente contenía la energía de al menos uno de los soldados. Como fue uno de los primeros fenómenos reales que investigué, dejó una impresión muy clara de mi visión de lo paranormal.

De este modo inicié mi carrera en parapsicología. Desde entonces, he aprendido un buen número de técnicas y métodos para localizar fantasmas, y quiero compartir muchos de ellos con usted en este libro.

Mis primeras investigaciones

Como ya mencioné, empecé mis investigaciones paranormales siendo un adolescente, examinando mi propia casa. Estaba tan fascinado por lo que descubrí, que comencé a estudiar antiguas leyendas e historias que me contaban familiares, vecinos y amigos. Después de un tiempo, cuando ya había logrado algo de experiencia sobre cómo investigar un área con actividad paranormal, dos de mis mejores amigos de la secundaria, se unieron en la búsqueda. No sólo investigamos casas de fantasmas; también indagamos en iglesias abandonadas, cementerios y otros lugares tratando de encontrar y fotografiar un fantasma.

Sin embargo, una de las más emocionantes cacerías en la que participé con mis amigos, fue la búsqueda del "Mothman" (hombre mariposa). Creciendo a menos de treinta millas de Point Pleasant, West Virginia, el sitio de las famosas apariciones de Mothman, siempre habíamos oído la historia de una gran criatura con brillantes ojos rojos y alas grises estilo murciélago, que aterrorizaba la pequeña comunidad. Sólo después de que encontramos una copia del libro de John Keel, *The Mothman Prophecies,* nos dimos cuenta del grado de popularidad de la historia.

Pasamos casi un mes recogiendo información sobre la historia de Point Pleasant, sobre el área TNT (una fábrica de dinamita que se creía estaba embrujada), sobre Mothman y también del nativo indígena Jefe Cornstalk (quien maldijo el área poco antes de su muerte). Todo esto fue necesario antes de visitar la localidad donde intentaríamos obtener información más precisa. ¡Necesitábamos saber a qué nos enfrentábamos!

La batalla de Point Pleasant fue considerada por algunos como la primera batalla de la revolución americana. Ocurrió el 10 de octubre de 1774, entre los indígenas Shawnee y los Long Knives de Virginia. El Jefe Cornstalk jugó un papel fundamental en el resultado de la lucha. Después de la batalla, Cornstalk firmó un tratado jurando nunca volver a luchar contra un hombre blanco.

En 1777, Cornstalk regresó a Point Pleasant para ayudar a las personas que vivían en el fuerte Randolph. Al hacerlo fue atacado. Agonizando, maldijo el área de Point Pleasant, diciendo que sólo habría dolor en los siguientes doscientos años. Juró que Point Pleasant siempre estaría plagado de espíritus y mala fortuna, y que nunca prosperaría. Poco después, Cornstalk murió.

Después de su muerte, la población empezó a olvidarse de la maldición de Cornstalk. Luego, desde noviembre de 1966 hasta diciembre de 1967, muchos de sus habitantes declararon haber visto una criatura que eventualmente se hizo conocida como "Mothman". Ésta aparecía en forma de un hombre muy alto con brillantes ojos rojos y alas grises expansivas, semejantes a las de un murciélago. Pronto, los relatos llamaron la atención de periodistas de todo el mundo, y Point Pleasant estaba inundada de curiosos que deseaban ver la esquiva y aterrorizante criatura. Los rumores afirmaban que Mothman era un resultado directo de la maldición de Cornstalk.

Las apariciones de Mothman cesaron de repente como se iniciaron, con el desplome del Silver Bridge en diciembre de 1967. Muchos murieron mientras cruzaban el puente cuando se desplomó. Algunos dicen que pudieron ver formas resplandecientes flotando alrededor de los soportes del

El Silver Bridge en Point Pleasant, West Virginia, antes de su desplome en diciembre de 1967.

puente la noche anterior a la tragedia. Desde ese día, terminaron las apariciones de Mothman en Point Pleasant.

El área TNT era un lugar donde se fabricaron explosivos durante las guerras mundiales. Desde que se cerró por completo poco después de la II Guerra Mundial, empezaron a ocurrir eventos muy misteriosos. Se veían luces sobre su perímetro a todo momento durante el día y la noche. Quienes entraban al lugar salían aterrorizados, negándose a contar sus experiencias. Este sitio pronto creó la reputación de estar embrujado. Algunos relatos dicen que en esta área fue encontrado por primera vez Mothman en 1966. ¡Ese era el lugar perfecto donde queríamos ir tres testarudos adolescentes! Durante nuestra visita, no sólo oímos sonidos extraños, también percibimos olores fuertes y nauseabundos que no podían

El colapso del Silver Bridge. Muchos afirmaron haber visto luces alrededor del puente la noche anterior a su destrucción. ¿Fue esta tragedia el resultado de la maldición del Jefe Cornstalk?, ¿de Mothman?, o algo distinto . . .

ser identificados. Eso, combinado con nuestra activa imaginación adolescente, fue suficiente para no volver a ese lugar.

Investigar Point Pleasant me dio la oportunidad de mejorar algunas de mis capacidades. Aprendí que un buen investigador necesitaba crear empatía con las personas en lugar de sólo pedir información. Aprendí a seleccionar mis preguntas para lograr confianza de la gente hasta el punto de compartir su información.

Un problema que a veces encontraba era que durante mis primeras investigaciones no había disponibles en ninguna parte textos elementales o guías prácticas sobre cómo proseguir para determinar estos fenómenos paranormales. Incluso los libros en bibliotecas sobre el tema eran limitados o difíciles de obtener. Esto sucedió antes de la era del Internet, así que no podía buscar en un instante sobre cómo hacer "cacería" de fantasmas.

Sólo cuando ingresé a la universidad encontré libros apropiados. Pasaba horas en la biblioteca investigando sobre mis estudios paranormales, además de concentrarme en mis clases. (Mis calificaciones no eran afectadas, y sentía que el tiempo que invertía no se perdía). Sin embargo, la información que encontré era en su mayor parte de enciclopedias y libros de referencia. Para el tiempo en que me gradué, ya había aprendido lo suficiente sobre cómo localizar fantasmas. Así pude desarrollar mis propios métodos exitosos para investigar fenómenos paranormales.

Con el tiempo, mi reputación en este campo se extendió a varios grupos de personas en mi comunidad. Recibía llamadas telefónicas de familias que me pedían que visitara su propiedad por aparentes eventos paranormales. A veces, con sólo entrevistar a las personas por teléfono, encontraba una explicación más racional de la situación; usualmente cañerías ruidosas, bromistas, o incluso imaginaciones demasiado activas era la respuesta.

Otras ocasiones me intrigaba lo suficiente y visitaba el lugar para investigar. A menudo encontraba que se trataba de actividad paranormal. Trataba de ayudar todo lo que podía y explicaba que, con la excepción de muy pocos casos, los fantasmas eran inofensivos. Cuando encontraba evidencia de espíritus hostiles o demoníacos, los remitía a uno de mis colegas que trataba exclusivamente este tipo de fenómenos. En general prefiero no investigar algunas de las manifestaciones malévolas.

En el transcurso de un año, había recibido más de veinte llamadas de personas en un radio de cincuenta millas de donde vivía. Las respondí todas. Pronto me di cuenta que la mayoría hacía preguntas similares: "¿qué es un fantasma?". "¿Cómo sé si en mi casa habitan fantasmas?". "Cómo se convirtió mi vivienda en una casa de fantasmas?". "¿Es esto peligroso?". "¿Cómo me libero de los fantasmas?".

En respuesta, elaboré un folleto sobre casas de fantasmas que donaba a las personas cuando las visitaba inicialmente. Sólo tenía seis páginas, pero hice un buen trabajo al responder muchas de las preguntas que formulaban. Poco a poco las investigaciones se hicieron cada vez más frecuentes.

Parkersburg, West Virginia

Parkersburg era una ciudad importante que logró su riqueza gracias a los grandes yacimientos de petróleo y gas natural encontrados allí. Fue considerada por algunos como la "ciudad más agitada a lo largo del río Ohio". Sus visitantes llegaban desde lugares a cientos de millas de distancia, a menudo probando suerte en los casinos y divirtiéndose en los ahora legendarios burdeles tales como The Red Onion. Había cinco teatros de variedades. Aquí se presentaban famosas funciones como Singing Midgets (de *The Wizard of Oz)* y Harry Houdini. Sin embargo, a pesar de su prosperidad, Parkersburg se convirtió en una ciudad tranquila y pacífica después que se redujeron las reservas de petróleo y gas natural. Parkersburg tuvo una colorida historia durante el siglo XIX, pero sus más famosos habitantes vivieron allí casi un siglo atrás.

La mansión Blennerhassett en la isla del mismo nombre. Muchos han experimentado fenómenos paranormales mientras visitan y acampan en la isla.

Margaret y Harman Blennerhassett eran aristócratas irlandeses que emigraron a Estados Unidos en 1796 y se establecieron en Parkersburg dos años después. Compraron una isla en forma de guitarra sobre el río Ohio, como a una milla del centro de Parkersburg. La isla y sus dueños era una de las atracciones predilectas de los visitantes en esos días. Ambos eran eruditos y disfrutaban de pasar noches frías y largas sentados frente al fuego leyendo obras de literatura clásica, tal como Platón, Shakespeare y otros. Aunque la mayoría de los habitantes del poblado vivía en cabañas y casas rústicas, los Blennerhassett decidieron construir una mansión digna de una plantación en su isla. Sólo serviría lo más fino de todo. Siendo sus gustos extravagantes, tuvieron que importar muchas de las comodidades, como libros y vinos finos, de fuera del valle de Ohio. Además de construir una mansión y traer su propia muestra de cultura al lugar, los Blennerhassett realizaban grandes fiestas para la aristocracia del lugar. Muchas personas ricas y famosas los visitaban de vez en cuando, incluyendo al rey Carlos X de Francia, Walt Whitman y un cierto vicepresidente conocido por el nombre de Aaron Burr. Los Blennerhassett y Burr se hicieron muy buenos amigos e hicieron un plan para una colonia en lo que ahora es Louisiana. El plan pronto fue descubierto, y el presidente de los Estados Unidos envió soldados a la isla para detener a los traidores en 1806. Burr y Blennerhassett dejaron a Margaret en la isla para distraer a los soldados mientras escapaban. Harman Blennerhassett huyó al Sur, donde inició una plantación y posteriormente fue reunido con Margaret y sus dos hijos.

En la actualidad la isla es una atracción turística que ofrece paseos en carros tirados por caballos, una aldea de artesanos, un área de camping y una guía informativa donde se reproduce las costumbres de la mansión. Muchos de los visitantes de la isla han visto a una mujer vestida de blanco caminando a lo largo de la orilla cerca al campamento. Se dice que Margaret solía sentarse junto a la orilla a esperar a su esposo que llegara de Marietta. A menudo lucía un vestido blanco.

Una historia en particular habla sobre un escritor que paseaba en canoa hacia el Norte a lo largo del río Ohio en 1992, recolectando historias para una revista en Pittsburgh. Él se detuvo en la isla a acampar. En las primeras horas de la mañana, fue despertado por el fuerte aroma de un perfume. Al salir a averiguar el origen del olor, una mujer hermosa con un traje blanco, largo y ondeante se le acercó. Ya que hacía frío, él le hizo señas para que se sentara a su lado y ofreció una taza de café caliente. Ella sólo lo miró fijamente y caminó hacia atrás en la niebla de la mañana. El escritor quedó un poco desconcertado, y decidió dormir unas horas más esa mañana.

Él llevaba consigo una gran colección de libros a dondequiera que iba y los mantenía en orden guardados en una mochila afuera de su tienda de campaña. Poco después de quedarse dormido, fue despertado de nuevo por el sonido de alguien que esculcaba la mochila. Cuando el sonido cesó, él abrió la tienda de campaña y se asombró por lo que vio. Todos los libros habían sido sacados de la mochila y cuidadosamente amontonados en el suelo junto a los restos de la hoguera. Alguien tenía curiosidad de lo que él leía y había decidido examinar la colección.

Al día siguiente el escritor comentó lo ocurrido a algunas personas en Parkersburg. Cuando describió a la mujer a un pequeño grupo de gente, ellos quedaron en silencio. Él había descrito a Margaret Blennerhassett perfectamente. Ella siempre fue una bibliófila y no podía resistirse a ojear los libros de las personas para ver si algo despertaba su interés. Este gusto por los libros había trascendido a su muerte. El escritor dijo que regresaría a Parkersburg para escribir una historia sobre su experiencia, pero en más de diez años nadie ha oído una palabra de él.

Una nota final para esta actividad paranormal ocurrió no hace mucho tiempo. Los restos de Margaret fueron exhumados y regresados a la isla Blennerhassett, donde se le hizo un apropiado funeral cristiano. Antes del funeral, las apariciones de una mujer de blanco eran indiscutibles. Desde que sus restos fueron llevados a la isla, no se han reportado más apariciones. Ella siempre consideró como su verdadero hogar la isla Blennerhassett. Ahora que ha regresado, tal vez esté finalmente descansando.

Parkersburg y la Guerra Civil

Además de su significado histórico, Parkersburg tuvo un papel muy estratégico en la Guerra civil. Dos ríos importantes, el Little Kanawha y el Ohio, convergen en Parkersburg. Estos ríos llevaban tropas y pertrechos a áreas en los estados azotados por la guerra. Trenes de la compañía B&O Railroad también transportaban soldados heridos y provisiones a uno de los cinco hospitales de Parkersburg durante la guerra. Muchos de los negocios localizados en el centro de la ciudad fueron transformadas en improvisados hospitales para alojar los soldados heridos enviados a Parkersburg. En estos hospitales, muchos militares encontraron su fin. Y, como usted puede esperar, efectivamente hay muchos fantasmas que todavía vagan por estos lugares.

Uno de los sitios de hospitales, Quincy Hill, tiene una particular actividad paranormal. Quincy Hill fue utilizado como sitio de emergencia y área de espera. Cuando los otros hospitales operaban a su máxima capacidad, los soldados heridos eran enviados a la colina que tiene vista a Parkersburg y el río Ohio. Para recibir ayuda, algunos de ellos se arrastraban colina abajo hacia las calles para suplicarles a los ciudadanos que los ayudaran a aliviar su dolor. Muchos visitantes de Quincy Hill afirman haber oído el sonido de alguien moviéndose a través de la maleza en la colina. De vez en cuando, también se escuchan voces. Sin embargo, en cada caso, nadie es visto haciendo los sonidos.

Fotografía de la autora Susan Sheppard, junto a la tumba de la familia Jackson en el cementerio Riverview. Se dice que la aparición de una mujer parecida a la estatua de la tumba, ha sido vista caminando por el cementerio tarde en la noche.

Parkersburg embrujado

En 1994 me mudé a Parkersburg. Había estado ahí sólo unos meses cuando en agosto conocí a la autora y astróloga Susan Sheppard. A menudo aparecía como invitada en *Daybreak* de la estación WTAP, un programa de variedades en la televisión matutina, ofreciendo horóscopos a quienes llamaban. Cuando no estaba ocupada creando horóscopos, escribía nuevos libros o dirigía un grupo local de poetas y escritores creativos. Poco después de conocerla, la llamé con el fin de obtener información sobre fantasmas y espíritus para un artículo que estaba escribiendo para una publicación local, *The Village Idiot*. Pronto encontramos que teníamos mucho en común y nos volvimos muy buenos amigos.

Después de regresar de un viaje a Nueva Orleáns, Susan me comentó acerca de las visitas guiadas que se realizaban a lugares en la ciudad donde se habían experimentado fenómenos paranormales. Ella había decidido hacer parte de uno de estos paseos. No estaba muy impresionada con algunas de las historias, y pensó que dada la oportunidad, podría aprender más por medio de las guías. Yo sabía que Parkersburg era una ciudad muy histórica, con una gran influencia sobre la Guerra civil. Por tal razón, ofrecí ayudarle a desenterrar algunas historias de fantasmas del pasado de esta región.

No tuvimos que avanzar mucho antes de darnos cuenta de la vasta historia que yacía en el valle de Ohio. Después de acumular los hechos históricos de la región, Susan y yo empezamos a investigar hechos paranormales para realizar guías similares como en New Orleáns. Colocamos anuncios en periódicos y revistas locales solicitando información sobre historias de fantasmas que sus habitantes tuvieran sobre la región. Se colocaron volantes en postes de teléfonos y paraderos de buses. Visitamos historiadores importantes y recogimos la mayor información posible sobre la historia y leyendas de Parkersburg. Así se creó el "Tour sobre fenómenos paranormales de Parkersburg". En pocos días las llamadas empezaron a fluir.

El tour tomó por asalto la región. Fuimos constantemente entrevistados por los medios de comunicación —periódicos, televisión y reporteros de radio, y programas de variedad nos contactaban semanalmente—. Querían saber si Parkersburg realmente tenía actividad paranormal, y por la cantidad de reportes que recibíamos, Susan y yo respondíamos con un contundente "¡sí!"

En la actualidad, las guías atraen más de dos mil visitantes anuales al área de Parkersburg y al Hotel Blennerhassett, que coordina el tour cada año. Han ocurrido muchos fenómenos paranormales mientras se realizan los paseos guiados. En casi todas las ocasiones, se interrumpe la luz o se averían las linternas, a pesar de que han sido revisadas con atención antes de utilizarlas. Hemos presenciado humo de cigarrillo en el aire muchas veces cuando estamos relatando la historia de William Chancellor, quien era fumador de cigarros y dueño del hotel Blennerhassett.

Una vez, mientras escuchaba las muchas historias de fantasmas de la Guerra Civil, un turista miró hacia sus pies y encontró un cartucho de municiones de esa época. Muchos han sentido tirones de cabello, escuchado voces susurrando en sus oídos, y vivido otras experiencias con lo desconocido. Docenas de personas han tomado fotografías de imágenes anormales o nublosas, especialmente en el hotel Blennerhassett o el cementerio Riverview, el cual hace parte del recorrido. No sobra decir que no todos los recorridos de este tipo que se llevan a cabo en otros sitios, experimentan este tipo de fenómenos. Esta característica encontrada en Parkersburg, le ha hado una reputación reconocida.

Penitenciaría de Moundsville

Moundsville es un lugar rústico y muy tranquilo, ubicado en las montañas hacia el norte de West Virginia. Sus habitantes son amigables, el escenario es pintoresco, y muchos de los puntos de interés de la región tienen gran importancia histórica. Moundsville recibió su nombre en honor al número de montículos de Adena (viviendas en forma cónica de antiguas colonias indígenas) encontrados en el área. El más grande de estos montículos es llamado Grave Creek, y tiene casi 70 pies de alto y 295 de diámetro. Otros sitios de

Fotografía del frente de la penitenciaría de Moundsville desde el montículo de Grave Creek. La construcción de esta penitenciaría es similar a la Joliet Correctional Facility en Joliet, Illinois.

interés incluyen el "templo de oro" de krisna, que fue construido en el área rural a las afueras de la ciudad. Los turistas pueden visitar el complejo de 2.000 acres que tiene un templo principal hecho con más de 200 toneladas de mármol importado de todo el mundo, e incrustado de oro de catorce quilates. Turistas de todas partes del mundo visitan este lugar con fines religiosos o simplemente por curiosidad.

Tal vez uno de los más fascinantes lugares para visitar en Moundsville, también tiene una de las historias más sangrientas de toda la región. Cuando alguien visita la penitenciaría de Moundsville, queda fascinado por la belleza y el tamaño de la prisión. La edificación fue construida en 1876 a un costo de más de US $300.000 (un precio muy alto en el siglo XIX), trece años después de que West Virginia se convirtió en estado, y fue originalmente diseñada para alojar 480 presos.

En 1899, West Virginia tomó el control sobre la ejecución de presos. Antes de ese tiempo, los condados eran responsables de llevar a cabo la pena capital, usualmente con la muerte en la horca. La primera ejecución en Moundsville tuvo lugar en el otoño de 1899, poco después de que llegaran presos de todas partes del estado. En los cincuenta años que siguieron, 85 hombres murieron en la horca. En 1951, la silla eléctrica fue introducida en Moundsville, pero sólo nueve prisioneros fueron ejecutados de esta forma entre 1951 y 1959. En 1963, West Virginia abolió la pena de muerte.

La penitenciaría de Mounsville estaba adelantada a su tiempo en lo que respecta a la educación de presos. A los internos se les ofrecieron algunas de las primeras facilidades educacionales en las cárceles del país, y asistían a clases regularmente. Además, a cada preso se le asignaba un deber. Unos trabajaban en la biblioteca, la granja de la prisión, o incluso en la mina de carbón administrada por la penitenciaría. A comienzos del siglo XX, esta Moundville fue considerada por algunos como una comunidad autosostenida detrás de rejas, abasteciendo su propia comida, combustible y mano de obra proveniente de la población carcelaria.

A comienzos de los años treinta, la penitenciaría de Moundsville alojaba un total de 2.400 presos. Aunque fue considerada como una situación temporal debido a la decisión de la cárcel de adicionar otra sección, el exceso de internos en las celdas era inimaginable. A menudo, muchos presos no tenían elección diferente a dormir en grupos de tres en una típica celda de cinco por siete pies. Dos de ellos dormían en las literas, y el tercero lo hacía en el duro piso de concreto. Después de que se terminó la construcción del costado Norte, la población de la cárcel empezó a disminuir hasta una cantidad más manejable de cerca a 800 presos. La Corte Suprema de West Virginia declaró en 1986 que el pequeño tamaño de la celda era una forma de castigo cruel e inusual. Para el tiempo en que la prisión se cerró en 1995, el número de internos había disminuido a aproximadamente 650.

La penitenciaría de Moundsville tiene una historia muy violenta. Además de las ejecuciones, era común que los guardias de la mañana encontraran que al menos uno de los presos se había suicidado o había sido asesinado durante la noche. En los primeros años de la prisión, era incierta la cantidad de internos que morían como resultado de la violencia. A menudo, los registros de reclusos muertos eran muy imprecisos, solían indicar simplemente que un preso había muerto en determinada fecha. El número total de personas asesinadas en Moundsville permanecerá incierto para siempre, pero la cantidad de víctimas se estima en cientos.

El día de año nuevo de 1986 fue una de las fechas más sangrientas en la historia de Moundsville. Los reclusos tomaron el control de la cárcel tomando como rehenes a dieciséis oficiales de la correccional. El motín se inició en el área de la cafetería de la prisión. Luego se determinó que la razón del levantamiento fue debido las malas condiciones en las áreas vitales e instalaciones de la cárcel. Luego de días de negociación, la insurrección terminó pacíficamente. Ninguno de los rehenes fue herido de gravedad durante el motín, pero al final tres presos perdieron la vida. Como resultado de la protesta, fue construida una nueva cafetería. Irónicamente, la más reciente adición a la cárcel también es reportada como una de las que presenta mayor actividad paranormal.

Antes de entrar en los detalles del lado paranormal de la penitenciaría de Moundsville, quiero mencionar que un alcalde una vez recibió una carta de Charles Manson, quien solicitaba ser trasladado a Moundsville para estar cerca McMechen, West Virginia, donde había vivido parte de su infancia. Aparentemente tenía recuerdos gratos del área y quería estar cerca a casa. Manson ha afirmado varias veces que si es liberado de su cadena perpetua en la prisión de Corcoran en California, le gustaría regresar a West Virginia a vivir el resto de sus días. La carta está en exhibición al lado de una vistosa colección de memorabilia junto a la silla eléctrica de la prisión que, según algunos, todavía conserva el olor de carne quemada.

Ahora, a descubrir a los fantasmas

Un nuevo capítulo en la historia de la prisión empezó poco después de que fue cerrada en 1995, y la mayoría de presos fueron reubicados en el complejo correccional de Mount Olive en West Virginia. La prisión fue adicionada al registro nacional de lugares históricos y sigue siendo muy activa actualmente. Además de poseer una casa de fantasmas y ser visitada bajo la supervisión de guías turísticos, promueve un motín simulado anual para entrenar a los agentes que trabajan en las cárceles de todo el país. Se dice que dos películas importantes, *The Shawshank Redemption* y *The Green Mile* (ambas del escritor de temas de horror, Stephen King), estuvieron a punto de ser filmadas en la cárcel abandonada.

En años recientes, la prisión ha llamado la atención de la comunidad paranormal y la cultura moderna debido a su reputación de tener fantasmas. La penitenciaría de Moundsville ha sido el foco de un programa de la vida real presentado en la televisión, de numerosas investigaciones y un documental sobre los eventos paranormales que ocurren en toda la prisión.

En el año 2000, el programa de MTV, *Fear*, filmó un episodio en la penitenciaría. A seis personas jóvenes se les pidió que realizaran una serie de retos, que oscilaban entre descubrir una silla eléctrica cubierta por una tela, hasta permanecer en una sección de la cárcel, aparentemente con actividad paranormal, en completa oscuridad durante quince minutos. Cada individuo que terminaba exitosamente las tareas asignadas recibía US$3.000. Para el tiempo en que el show terminó, dos de los seis participantes se habían retirado. Cada persona afirmó haber sentido una "presencia", y al menos una dijo que tuvo contacto con los "espíritus de los muertos" mientras completaba sus respectivas tareas.

No sólo el programa *Fear* en MTV optó por dedicar un episodio a la penitenciaría de Moundsville. Varias organizaciones paranormales profesionales han realizado investigaciones completas, obteniendo asombrosos resultados. Muchas de estas organizaciones e individuos que visitaron el lugar, no han sido decepcionados. Las anomalías oscilan entre simples figuras nublosas hasta caras espectrales que han sido fotografiadas en estas cacerías de fantasmas. Muchos han venido de otros estados como Alabama y Nueva York específicamente para tomar parte en la cacería y el tour por la prisión.

En la primavera de 2001, la cárcel empezó a tener su propio tour de fantasmas. Según el guía encargado, miles de visitantes han recorrido la prisión. Su curiosidad es dirigida hacia el sitio donde fue filmado MTV's Fear, y experimentar sus propios encuentros paranormales. Cada mes unas treinta a cincuenta personas hacen parte del tour.

El recorrido se inicia a las 8:00 P.M. y termina a las 6:00 A.M. del día siguiente. El tour se inicia con un episodio de Fear que presentó la prisión. Después de eso, las personas pueden libremente explorar la cárcel a su propio riesgo.

En marzo de 2002, un grupo paranormal de Alliance, Ohio, llamado MAJDA, comenzó a ir a la penitenciaría para realizar sus propios experimentos. Además de dirigir cacerías de fantasmas, el grupo ofrece su experiencia para responder preguntas que los turistas pueden tener respecto a los eventos paranormales en la prisión, o la forma en que las personas pueden hacer sus propias investigaciones paranormales.

Puntos importantes en la prisión de Moundsville

La mayoría de áreas con actividad paranormal presenta secciones con una mayor intensidad de este fenómeno. Estas secciones son llamadas "puntos calientes". Esta penitenciaría no es la excepción. Cinco áreas han sido identificadas como el epicentro de muchos de los eventos paranormales que ocurren en Moundsville.

Quienes no tienen conocimiento de los puntos calientes a menudo oirán voces, verán movimiento en las sombras o experimentarán otros fenómenos paranormales mientras pasean por la prisión. Inevitablemente, las personas afirmarán haber experimentado una sensación abrumadora de desesperación y terror en ciertas áreas de la cárcel.

Las cinco áreas que tienen mayor concentración de actividad paranormal en la penitenciaría, incluyen Sugar Shack, el área de ejecución, el Pasillo Norte, la sección de mantenimiento debajo del área administrativa, y la nueva área de cafetería. Cada sección es presentada a continuación con una corta descripción de lo que experimentan las personas.

Sugar Shack

Sugar Shack era el área donde se llevaban a cabo la mayoría de juegos de azar, además de la actividad homosexual. Muchos de los guardias no se acercaban a esta sección.

Después de que la prisión fue cerrada, un grupo de Ohio realizó una investigación en Sugar Shack utilizando una tabla ouija y otros elementos para intentar conectarse con los espíritus presentes. Sugirieron dos nombres: J.R. y Francis. Después, otro grupo llegó de Michigan para intentar una comunicación con los espíritus. No tenían asociación o afiliación con el grupo de Ohio. También trajeron una tabla ouija y propusieron los mismos nombres: J.R. y Francis. Es posible que Francis pudiera haber sido el nombre de una mujer porque Moundsville tuvo mujeres prisioneras hasta 1947.

La siguiente fotografía fue tomada cerca a Sugar Shack el 24 de mayo de 2002 por Myssi Gable y Dennis Keefer, de Ripley, West Virginia, en su primer viaje a la penitenciaría de Moundsville. La foto se tomó en una habitación ennegrecida, utilizando el flash de la cámara como única luz disponible. Es fácil notar el perfil de un individuo que mira a la izquierda. Examinando con más detalle la fotografía, al menos otra cara puede ser distinguida. Cuando Myssi y Dennis contactaron a MAJDA, y enviaron al grupo una copia de la foto, se sorprendieron al enterarse de que en otras ocasiones algunas personas habían fotografiado caras en la prisión.

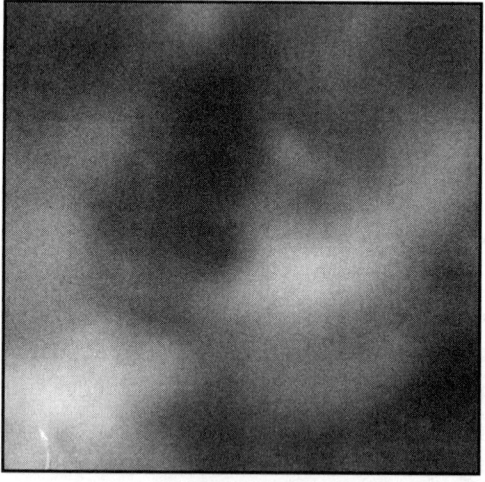

Este es un ejemplo del tipo de fotografía que puede ser tomada en la penitenciaría de Moundsville. Observe el detalle de la cara y el cuello de la aparición.

Área de ejecución

El área de ejecución también es un lugar donde muchas personas han oído y visto imágenes inexplicables. Noventa y cuatro personas fueron ejecutadas en este lugar. Indudablemente, muchos de los "registros" de los ejecutados, o los espíritus reales, aún se encuentran en esta sección. El lugar se encuentra junto al área administrativa y tiene la mayor cantidad de energía paranormal de toda la prisión. En el patio norte, la cámara de muerte fue derribada y reemplazada con un patio encerrado y una cancha de baloncesto para ser utilizada como lugar de ejercicio para los presos.

Durante las visitas a esta sección, e incluso antes que los guías comenten la macabra historia del área, muchas personas en este lugar afirman tener una sensación muy clara de hostilidad, inquietud y preocupación. Los visitantes afirman sentir una sensación de tristeza y desesperación al entrar a esta área. Tienen una impresión similar en otros lugares de la prisión, pero es mucho más reconocible en el área de ejecución.

Esta área se caracteriza por el gran número de apariciones fotografiadas. También se oyen gemidos, suspiros y otros sonidos. Se han registrado fotografías donde aparecen hasta treinta y cuarenta imágenes. Los turistas afirman haber visto a alguien caminando en las sombras, para después descubrir que la figura ha desaparecido.

Nueva área de cafetería

Después del motín de año nuevo de 1986, fue construida esta nueva área de cafetería. Al igual que en otras partes de la prisión, muchas de las paredes aún son adornadas con trabajos artísticos de los presos. La energía que emite esta área es casi tangible. Desde que la prisión fue cerrada, muchos de sus visitantes han afirmado oír los sonidos de bandejas y vajillas de plata en ciertas ocasiones. Además, a veces tienen la clara sensación de ser observados. Aunque la actividad paranormal es notoria, este "punto caliente" es considerado uno de los más débiles en la prisión.

Pasillo Norte

Aunque han sido tomadas varias fotografías sobre apariciones en este lugar, las experiencias registradas son de carácter auditivo. Ha habido declaraciones sobre sonidos de celdas cerrándose, golpes producidos por contacto de metal sobre metal, sonidos de cadenas y voces gritando. Al igual que en el área de ejecución, una sensación de desesperación y aprensión inunda todo el lugar.

Uno de los guías en esta sección de la penitenciaría afirmó haber tenido experiencias paranormales: "existe una sensación de desesperación que me abruma cuando entro al Pasillo Norte. He oído gemidos, sollozos y otros sonidos. Estos por lo general ocurren en las secciones de la antigua área administrativa y en los patios de recreación. Muchas de las fotografías en este lugar han mostrado imágenes. Mi compañero vio algo en pleno día".

Dan, otro guía que ha presenciado fenómenos en esta área de la prisión, fue a apagar las luces del Pasillo Norte una tarde después de haber terminado el tour. Mientras atravesaba el patio, observó a su lado a alguien corriendo. Volteó para ver directamente quién era, y nadie estaba ahí. Otra persona confirmó que también había visto correr dos o tres sombras. Después de investigar por unos minutos, Dan concluyó que podría ser el fantasma de un preso.

El área administrativa y el sótano: "el hueco"

Aunque Sugar Shack y el área de ejecución son considerados "puntos calientes", uno de los lugares con mayor actividad paranormal es el área administrativa, adyacente al área de ejecución. Junto con las apariciones, las voces escuchadas y las sombras vistas, el área administrativa tiene una característica única respecto a los otros puntos calientes de la penitenciaría. Es la única sección en la que alguien afirmó haber sido tocado físicamente por uno de los fantasmas o espíritus de la cárcel.

Durante uno de los recorridos, cuando el guía estaba a punto de entrar al sótano del bloque administrativo, una muchacha gritó y dijo que algo la había tocado en la parte superior de su cuello. Nadie pudo haberla tocado donde ella se encontraba. Según el guía, ella estaba muy asustada. Después de esta ingrata experiencia abandonó el recorrido. Luego de tal incidente, hubo mucha más tensión que lo usual durante la duración del tour.

Durante los años treinta, un preso llamado R.D. Walls fue asesinado en este lugar. Él era un hombre muy tranquilo. Aparentemente, a cambio de un tratamiento indulgente, comunicaba en secreto a las autoridades de la prisión sobre actividades ilícitas de sus compañeros de celda. Los otros presos descubrieron sobre el "mal" comportamiento de Walls, y decidieron hacer algo al respecto . . .

Un día, mientras los guardias y el personal de mantenimiento tomaban un descanso en otra sección de la prisión, los internos acorralaron a Walls y literalmente lo cortaron en pedazos. Sus dedos fueron cortados hasta el punto que apenas colgaban de sus manos. Walls se desangró lentamente, y su muerte debió haber sido dolorosa. Muchos de los objetos usados para cortarlo eran rudimentarios y al final sufrió de un desgarramiento total.

Después de la muerte de Walls, muchos guardias en la torre de vigilancia afirmaron ver a un hombre caminando sobre el área de mantenimiento. Al investigar de quien se trataba, nunca encontraron nada. En una ocasión un guardia afirmó haber reconocido que el hombre era R.D. Walls. Esto no sorprendió a los otros guardias de la prisión. La inquieta imagen de R.D. Walls continúa apareciendo frecuentemente hasta hoy.

Mientras conducía una investigación en esta sección de la cárcel, decidí ir al sitio donde fue encontrado el cuerpo de Walls. Al acercarme, creí escuchar a la mujer que estaba a mi lado decir "justo ahí", mientras pasábamos por una puerta que conducía al extremo lejano del salón. Volteé a mirarla y le pregunté qué había dicho. Ella dijo que no había pronunciado una sola palabra. Decidí entonces tomar una foto, pero mi cámara no funcionó. Lo intenté varias veces, pero aunque el indicador mostraba que las baterías estaban totalmente cargadas, la cámara no tomaba la fotografía. Después de atravesar la puerta, la cámara se arregló.

Se afirma que otras secciones del área administrativa han sido también sitios de eventos paranormales. Las aulas de mantenimiento cercanas al área administrativa eran usadas para clases de electricidad o fontanería. Esta sección no ha sido utilizada desde que la prisión fue cerrada. Nadie ha tenido una razón para ir ahí. No hay una llave disponible para abrir la cerradura. La bombilla del techo no funciona desde que la cárcel cerró sus puertas en 1995.

Muchos grupos paranormales han considerado la penitenciaría de Moundsville como uno de los sitios con mayor actividad paranormal en West Virginia, y una de las prisiones con más ocurrencia de este tipo de eventos en los Estados Unidos. Si usted está interesado en investigar fenómenos paranormales con estas características, visitar la prisión definitivamente valdría la pena. Si desea mayor información, puede contactar directamente a la prisión (vea el apéndice B).

Continuando las investigaciones

Mi papel al investigar sitios con actividad paranormal ha cambiado un poco a través de los últimos años. En lugar de acudir al llamado de las personas, he optado por enseñar a la gente cómo desarrollar sus propias investigaciones. Cuando salí para Kentucky después de mis experiencias con Parkersburg, la demanda por investigar este tipo de fenómenos paranormales fue tal, que me encontré en el dilema de dedicarme a este campo por completo, o terminar mi carrera universitaria. Aunque me gustaba ayudar a los demás a resolver sus problemas paranormales, me di cuenta que esta actividad debería ser transitoria mientras continuaba con mi carrera de psicología.

Actualmente, me considero más un guía que un cazador de fantasmas; es un rol con el que me siento muy complacido. Todavía sigo informado de las últimas investigaciones y teorías de lo paranormal, pero creo que mi camino se ha dirigido a enseñar a los demás a desarrollar investigaciones, en lugar de estar en la práctica tiempo completo.

Recibo correos electrónicos y llamadas telefónicas semanalmente de personas que quieren consejos sobre qué hacer con fantasmas y espíritus en sus casas, cómo desarrollar una investigación efectiva, o sólo desean compartir su historia con alguien que tenga experiencia en el campo.

Cuando el tiempo lo permite, disfruto investigar en persona. Me interesan los eventos paranormales que han ocurrido en casas viejas, en especial las construidas en la época victoriana o con anterioridad. También estoy fascinado por las apariciones y manifestaciones de la Guerra Civil. Evalúo la información que un testigo presencial comparte conmigo y decido si investigo o no una vivienda basado en su ubicación (la distancia desde el lugar donde resido), el tipo de experiencias que los testigos han tenido y otros factores.

Obviamente, no puedo investigar eventos paranormales cuando no soy contactado. Sin embargo, incluso si no puedo examinar personalmente el área, contesto la mayor cantidad posible de llamadas telefónicas y correos electrónicos. Una red de más de cincuenta investigadores de actividades paranormales (aficionados y profesionales) ha sido formada en el área de West Virginia-Ohio-Kentucky. En lugar de investigar en persona, contacto un investigador que viva cerca al sitio de reporte. Por lo general alguien examinará la actividad paranormal dentro de una semana después de contactarla.

Mi propósito en este libro es transmitir al lector los métodos de investigación. Este manual le ahorrará tiempo e inconvenientes que yo experimenté cuando iniciaba mis exploraciones sin base alguna. Un consejo: no piense que debe adherirse a estas pautas al pie de la letra. Con el tiempo, mientras aumenta su capacidad, desarrollará su propia técnica, ajustada a lo que cree que es más efectivo para usted. Su estilo puede o no ser similar al mío, y eso no es un problema.

La clave para desarrollar una forma de investigación exitosa es experimentar, sin importar lo poco ortodoxo que pueda parecer. Cada persona tiene su manera de investigar, pero hay dos pautas que debería seguir toda exploración.

1. Sin importar cómo decida desarrollar una investigación, no se precipite a conclusiones. ¡Investigue! En otras palabras, ¡tome su tiempo!

2. Por encima de todo, las personas con quienes hablará durante sus investigaciones deben recibir el mayor respeto y cortesía. Para muchos, es difícil incluso considerar la posibilidad de consultar a un investigador paranormal, debido a las normas y tabús en nuestra sociedad. Las personas confían en usted, y si trata bien a sus consultantes, seguramente regresarán el favor comentando su profesionalismo a amigos íntimos o familiares.

En el futuro, pienso asistir a varias librerías metafísicas y de la Nueva Era para conducir talleres sobre muchos de los diferentes niveles de fenómenos paranormales, incluyendo discusiones de lo que aparece en este libro. Abarcarán temas de fantasmas y espíritus, ovnis y estados alterados, pero no se limitarán a éstos. Un sitio en Internet también está en las etapas de planeamiento, donde los interesados pueden compartir sus historias con personas de similar interés, también hay un test para determinar sus habilidades como investigador paranormal (diferentes casos serán dados y usted establecerá cómo manejaría la situación), una guía de referencia de su área local, además de una tienda en línea para adquirir información, utensilios y otros materiales que harán mucho más valiosas sus experiencias en este campo.

Uno

FANTASMAS, ESPÍRITUS Y DUENDES

ANTES DE INVESTIGAR eventos paranormales, es necesario examinar lo que realmente se está investigando. La mayoría de personas tiende a definir a los fantasmas, espíritus y duendes dentro de una amplia categoría. Este capítulo detallará las diferencias entre los tres, y le dará una idea sobre qué tipo de actividad paranormal está investigando. Dependiendo del tipo de investigación, las técnicas usadas variarán.

Fantasmas y apariciones

Descrito mejor como una forma de registro, similar a un audio o videotape, un fantasma es la energía residual de una persona, un animal o incluso un objeto inanimado. No hay fuerza vital; un fantasma simplemente "representa" la misma escena una y otra vez. Usualmente, si una persona ha realizado un acto repetitivo durante un largo tiempo, habrá dejado una impresión psíquica o "rutina" en esa área. Tal rutina puede permanecer ahí por mucho tiempo después que la persona se ha ido o muerto. Por lo general, las apariciones experimentadas en campos de batalla son fantasmagóricas. Considerando la intensidad del trauma o violencia de la batalla, gran cantidad de energía psíquica creará una enorme rutina.

La mejor forma de describir este tipo de registro a personas que no están familiarizadas con los fantasmas, es usar la siguiente analogía. Imagine conducir un vehículo en una carretera cubierta de lodo. El vehículo dejará las huellas de sus ruedas en el lodo, dando al siguiente conductor una impresión de su paso. Para el ojo no entrenado, es obvio el hecho de que un vehículo ha pasado. Un examen más detallado por parte de una persona experimentada, puede conocer exactamente el tipo de ruedas que han dejado la marca por el patrón específico encontrado en el lodo. Con experiencia e investigación, el patrón puede conducir a la clase de vehículo que usa tales llantas.

Con el tiempo las huellas se deteriorarán (debido a lluvias, erosión y otros automóviles que pasen por la misma ruta) hasta el punto de que no se podrá determinar qué clase de vehículo ha pasado por la carretera. Luego, las huellas serán reemplazadas por otras más recientes. Si tal vehículo pasara por la misma carretera día tras día, las huellas serían más pronunciadas que si sólo tomara esa ruta una vez.

Este principio de deterioro caracteriza los registros de fantasmas, pero con una excepción. Los registros pueden ser "recargados" por alguien que tenga un aura similar al de la persona que inicialmente dejó el registro. Por esta razón, una familia puede vivir en una casa durante años sin experimentar algún fenómeno paranormal, pero cuando otro miembro de la familia se muda a la misma vivienda, la actividad espectral tiende a empezar casi de inmediato. Por esto algunas personas, al entrar en un área con actividad paranormal, tienden a sentirse cansadas o con náuseas. Más aún, quienes son muy empáticos pueden experimentar cambios de humor inexplicables. Más adelante hablaremos sobre cómo recargar un área con actividad paranormal.

Tipos de apariciones

Todas las apariciones no toman la forma de imágenes visuales. Muchas personas tienden a pensar que un fantasma o aparición siempre debe ser visible. Este tipo de fenómeno puede ser manifestado a través de cada uno de los sentidos. Usualmente, las apariciones visuales, auditivas, olfativas y táctiles aparecen juntas, pero en ocasiones sólo un sentido está involucrado. Han habido reportes de manifestaciones que incluyen cada uno de los otros sentidos, en especial las auditivas y táctiles. Aunque olores (de flores y otros aromas naturales) y sonidos (tales como campanas de iglesia o voces) han sido reportados, son menos comunes que la aparición visual. Aun más rara es una manifestación que involucre el sentido del gusto.

Visuales

Esta es la aparición de una persona, animal u objeto (sí, los animales u objetos inanimados también pueden ser fantasmas) que era comúnmente asociada con el área durante su existencia. Hay varios niveles en los cuales un fantasma puede ser observado. Algunos pueden verse en su totalidad, como si el registro o fantasma fuera un individuo en vida. Sin embargo, la mayoría de apariciones visuales son vagas o borrosas, como si la imagen estuviera fuera de foco. Es muy probable también que el testigo de la aparición observe una imagen claramente formada pero sin una o más partes del cuerpo evidentes (piernas, cabeza, brazos, etc.). Este último tipo de fenómeno aparece en especial en lugares donde ocurrieron batallas u otras tragedias violentas.

Auditivas

Los sonidos asociados con un registro fantasmal son más comunes que cualquier otra manifestación. Con mayor frecuencia se oyen sonidos de conversaciones o pasos. Otros sonidos asociados con estas manifestaciones auditivas incluyen puertas que se abren y cierran, cantos, música y gritos (entre éstos, los gritos de batalla). Las apariciones auditivas son las últimas en disiparse mientras sus registros también se debilitan con el tiempo.

Olfativas

Son muy similares a las manifestaciones auditivas en el hecho de que toma mucho tiempo para que desaparezcan. Por lo general, los olores de la vida cotidiana están relacionados con la manifestación olfativa. Muchos eventos paranormales han tenido un olor orgánico (con mayor frecuencia flores como la rosa o la lavanda) que se presenta justo antes o después de una aparición visual o auditiva. Otros olores comunes incluyen comida en preparación; pan horneándose; humo de pipa, de cigarrillo y de armas al dispararse; además de alcohol o perfume. En la gran mayoría de casos, se encuentra que los olores están directamente asociados con el individuo o los individuos responsables de la actividad paranormal.

Táctiles

Existen dos niveles de este tipo de manifestación. El primer tipo ocurre prácticamente en todos los lugares con eventos paranormales. Un cambio evidente de temperatura del área sin razón aparente, es una de las señales comunes que indican la presencia de un fantasma o espíritu. Una habitación puede enfriarse al menos cinco a veinte grados Fahrenheit, dependiendo de la cantidad de actividad paranormal. Aunque esta es la regla, ha habido excepciones —eventos paranormales en los cuales la temperatura del lugar aumenta significativamente—. Cuando hay un evidente incremento de temperatura, se considera que la actividad paranormal es causada por un fuego en el cual perecieron una o más personas.

El segundo tipo de manifestación táctil ocurre cuando una persona puede sentir el registro. Un roce del cabello, una brisa suave o un rasguño, son ejemplos de manifestación táctil. De los cuatro tipos de manifestaciones discutidas, las táctiles ocurren con menos frecuencia. Sin embargo, cuando se presenta, este tipo de manifestación es muy sutil. Ejemplos incluyen sentir un suave viento en una habitación cerrada o un ligero tirón en la ropa de una persona sin haber sido causado por alguien a su lado.

Espíritus

La mayoría de personas creen que los términos "fantasma" y "espíritu" pueden ser usados intercambiablemente. Este no es el caso. Mientras un fantasma es sólo un registro psíquico o rutina, un espíritu es la presencia sensible real, o alma, de una o más personas que han permanecido en el mundo material después de que el cuerpo físico ha muerto. Creo con certeza que si alguien puede ayudar a que un espíritu atrapado en este mundo se traslade a la otra vida, tiene la obligación de hacerlo. Esta sección describirá por qué los espíritus frecuentan un área; veremos formas en que pueden comunicarse los espíritus y los vivos, y finalmente entraremos en detalle en cuanto a cómo ayudar a que el espíritu se desplace a la otra vida.

Tipos de espíritus

Hay cuatro razones importantes para que el espíritu de una persona permanezca en este mundo después de la muerte.

La primera es que el espíritu no ha advertido su propia muerte. A veces, si una persona fallece repentina o en forma muy violenta, puede no ser consciente de lo que ha ocurrido. Esto sería muy confuso y difícil para quien ha muerto. El sujeto haría muchos intentos por entrar en contacto con sus seres queridos vivos, con poco o ningún éxito.

Sólo si un espíritu está convencido de que ya no está vivo, la actividad paranormal cesará. Hay varias formas de ayudar a convencer al espíritu respecto a su nuevo estado. En cada caso, el principal paso es determinar el sitio donde el espíritu pasa la mayor parte de su tiempo, o en otras palabras, los lugares que está frecuentando. Una vez establecido, hay unas opciones. Primero, usted puede simplemente hablarle al espíritu en voz alta, diciéndole que ha muerto y es tiempo de partir por su propio bien y el de sus seres queridos. Una segunda forma es proyectar pensamientos y sentimientos muy fuertes al espíritu, diciéndole que se ponga en camino. Esto puede parecer similar a la primera técnica, pero en realidad la proyección mental es un poco más confiable que la técnica verbal porque los pensamientos son transmitidos directamente al espíritu. Una tercera técnica es llevar un canalizador o guía liberador de espíritus e intentar una sesión para liberarlo. Este método final será tratado en detalle más adelante.

Tal vez se requiera de una serie de intentos de comunicación verbal o mental dirigida al espíritu, antes de que éste logre comprender lo que se está diciendo. Así como muchas apariciones pueden parecer borrosas o desenfocadas para quienes las experimentan, el espíritu puede percibir el intento de comunicación en iguales condiciones. Esto se debe a que el velo entre el mundo espiritual y el material a menudo impide comunicarse claramente con los muertos. El velo entre los dos reinos es más delgado, permitiendo una comunicación más efectiva en ocasiones de aniversarios o fechas de importancia, excepto en casos especiales.

Incluso si la persona no está intentando la comunicación con un espíritu, éste puede con el tiempo reconocer su muerte con sólo prestar atención a señales lógicas. Las personas actuarán en forma distinta, ignorando al espíritu, y muchos aspectos de las vidas de sus seres queridos pueden cambiar gradualmente. Un ejemplo perfecto de un espíritu que finalmente reconoce su propia muerte es el personaje de Bruce Willis en *The Sixth Sense*. Sólo después de una serie de eventos es consciente de su muerte, lo cual le permite a él y su esposa seguir enfrentando la nueva realidad.

La segunda razón es que el espíritu tiene asuntos inconclusos en el mundo material. La muerte puede llegar en el momento más inesperado del individuo. Las personas por lo general tienen una idea de lo que desean hacer antes de morir, pero a veces no se les da una oportunidad de terminar ese plan importante. Alguien puede tener un proyecto sin acabar o quiere asegurarse de que un ser amado esté bien protegido. Este deseo de completar un asunto inconcluso puede ser suficiente para que una persona fallecida quede atada al mundo físico en forma de espíritu.

Un espíritu puede aparecer en un lugar el tiempo necesario hasta que la promesa sea cumplida o el proyecto esté terminado. Esto puede ser muy problemático para personas que viven cerca a la actividad paranormal por no tener conocimiento sobre la naturaleza del proyecto o las características de la promesa. Si el espíritu intenta comunicarse sin lograr su objetivo, la actividad paranormal puede tornarse muy intensa, hasta llegar a manifestarse en situaciones de movimientos físicos y otro tipo de actividad que podría asustar o incluso hacer daño a los testigos oculares del evento.

Hay dos formas en que un espíritu, atado al mundo material por una promesa no cumplida o un proyecto inconcluso, puede ser ayudado a continuar su camino hacia la otra dimensión. La primera es determinar cuál fue el proyecto o la promesa, y luego ayudar al espíritu a lograr su satisfacción. Tal vez la manera más fácil de descubrirlo es por medio de la intervención de un guía liberador de espíritus, médium o canalizador para lograr comunicación con la entidad. Es necesario establecer por medio de preguntas, las razones por la cual el espíritu continúa ligado al mundo terrenal, y cuál sería la forma ideal para cumplir la promesa. Los detalles de esta comunicación son de gran importancia. Omitir o ignorar un simple paso puede impedir la liberación del espíritu. Una variación de este método sin involucrar un canalizador o guía, es realizar un trabajo detectivesco, averiguando quién es el posible espíritu, y usar la información recolectada para deducir cuál fue el proyecto o la promesa hecha por esa persona. En algunas situaciones, el solo hecho de reconocer abiertamente al espíritu, es suficiente para lograr su entendimiento y la aceptación de su nueva identidad.

La segunda forma posible para ayudar a la liberación del espíritu, es convencerlo de que la promesa o el proyecto

La tumba de Zona Heaster Shue, el fantasma de Greenbrier. Este es el único caso registrado en la historia judicial de Estados Unidos donde un fantasma ha jugado un papel significativo en la condena del asesino.

inconcluso no son tan importantes como su evolución movimiento hacia niveles superiores de energía. Dependiendo de qué tan dedicada fue la persona en llevar a cabo sus metas, esto puede ser una tarea difícil. Si por medio de un canalizador o guía se explica al espíritu que su presencia en este mundo es quizás contraproducente para los seres queridos vivos, la entidad estará más dispuesta a dejar atrás el plano terrenal.

Hay una variación en este razonamiento. En el caso de asesinato, el espíritu puede quedar atrapado en el mundo físico hasta que el asesino sea llevado ante la justicia o muera. En ese momento, el espíritu será liberado de los confines del mundo material. En la historia de West Virginia hay un caso conocido como "el fantasma de Greenbrier". Elva Zona Heaster murió en manos de su esposo, Edward Shue, en 1897. Edward era muy fuerte y agresivo, había tenido problemas con la ley, y se jactaba de sus malos tratos sobre sus dos anteriores esposas, de las cuales una también había muerto. Elva estuvo casada con Edward unos dos meses antes de morir. Su esposo no era sospechoso de su muerte, hasta que la madre de Elva informó haber visto el fantasma de su hija en cuatro ocasiones. En cada aparición, el espíritu de Elva explicaba que Edward había roto su cuello. Después de rogar a las autoridades locales, la madre de Elva hizo que exhumaran el cuerpo de su hija para realizar la autopsia. Fue encontrado que el cuello de la joven efectivamente había sido roto. Edward fue llevado a juicio.

A la madre de Elva se le permitió llevar a los estrados el testimonio de la aparición de su hija, y gracias a esto y otra evidencia encontrada contra Edward, fue declarado culpable de la muerte de Elva. El espíritu de esta mujer no ha sido visto desde entonces. Hasta hoy, el fantasma de Greenbrier es el único proceso jurídico en la historia norteamericana donde se ha permitido el testimonio de un espíritu para ser considerado en el juicio y la condena de un supuesto asesino.

En la tercera razón, el espíritu desea decir adiós antes de partir del mundo material. Este es el más común y por lo general el de menor duración de todos los encuentros con espíritus. Cuando las personas tienen vínculos muy estrechos en la vida, se considera como reacción natural despedirse cuando la muerte se aproxima. A veces, la persona puede fallecer antes de tener la oportunidad de decir adiós a sus seres queridos. En este caso, y en un muy corto tiempo después de su muerte, el espíritu puede hacer una breve aparición para informar a sus allegados sobre su partida.

Aquellos que experimentan dichos fenómenos se caracterizan por tener una visión amplia sobre lo paranormal, pudieron haber tenido una relación muy cercana con el fallecido, o no pudieron visitar a la persona agonizando. El espíritu transmite un mensaje de bienestar, anuncia su transición hacia un plano superior, y el deseo de alivio y pronta recuperación para sus seres queridos. Generalmente, un espíritu visitará sólo a una o dos personas antes de partir. En caso de accidentes o muertes repentinas, personas a cientos de millas de distancia pueden sentir el fallecimiento de un ser querido segundos después del suceso.

La mayoría de veces, el espíritu visita al ser querido mientras éste se encuentra dormido. Sin embargo, contactos durante las horas de vigilia son comunes bajo circunstancias especiales. No hay razón para intentar ayudar a estos espíritus a partir hacia la otra vida. Muy rara vez se trata de una actividad paranormal causada por un espíritu que está despidiéndose de un ser querido; el espíritu sólo hace una corta visita antes de realizar un viaje mucho más largo al reino espiritual.

La última razón es cuando el espíritu desea guiar a un ser querido especial. El cuarto tipo de visita espiritual es una variación del tercero. Su característica se puede definir como un intento del espíritu para comunicarse con un ser querido que atraviesa una situación o etapa difícil en su vida. De nuevo, la aparición tiende a hacerse en forma de sueño, muchos años después que el individuo ha muerto, para ofrecer discernimiento al soñador respecto al problema actual. Luego de que la información y la motivación es transmitida, la corta visita espiritual termina.

Este tipo de contacto puede ser entendido como un simple sueño si no se tuvieran en cuenta algunos factores. Primero, en este caso, el soñador adquiere información que no habría podido ser conocida de otra forma. Información tal como la localización de documentos importantes, nombres de amigos del fallecido que deben ser contactados, y otra gran cantidad de revelaciones pueden ser comunicadas por el espíritu a la persona en estado de sueño. Cuando ésta sigue tales consejos, la información generalmente resulta ser precisa. Segundo, un olor familiar suele estar presente y su intensidad puede despertar al soñador y a quien esté cerca. Humo de cigarrillo, perfume y otros olores personales asociados con el fallecido, son muy evidentes en el aire y pueden permanecer por varios minutos.

El contacto no está destinado a sólo dar información para ayudar a un ser querido. Muchas veces los espíritus pueden vislumbrar los futuros desafíos o encrucijadas en la vida de una persona.

Lucy, una antigua colega mía, tuvo un sueño en el que su abuelo la visitó para guiarla en un tiempo de transición en su vida. Cuando ella tenía catorce años, su abuelo murió de cáncer en la garganta. Los dos eran muy unidos y Lucy había quedado abatida por el fallecimiento. Tuvo el sueño cuando tenía veinte años, pero ahora, casi diez años después, ella está averiguando qué tan preciso fue el mensaje de su abuelo. El siguiente es su relato personal.

Mi mamá, papá, hermano y yo estábamos en la casa de mi abuela visitando a un tío, una tía y dos primos que se encontraban allí. Mi abuela estaba ocupada preparando una comida mientras el resto de nosotros ayudábamos y socializábamos. Decidí ir al segundo piso donde encontré a mi abuelo esperando. Él dijo, "necesito mostrarte algo". Me condujo al cuarto de baño de arriba y cerró la puerta. Justo detrás de ésta, en el rincón del cuarto, había una puerta que no existe físicamente en la casa. Él la abrió, y me encontré frente a una mesa de dibujo con un bloc muy grande de papel para gráficas. Habían instrumentos de medición de todo tipo sobre un estante y colgando de él. Mi abuelo tomó un lápiz y dibujó un punto. Dijo, "Lucy, ahora estás aquí. Vas a estar aquí, aquí y aquí (haciendo otros tres puntos en un patrón de arco sobre el papel), y cuando llegues aquí, encontrarás la verdadera felicidad". Yo sólo observaba pasmada, sin saber qué decir o hacer en ese momento. Luego dijo que debía irse. Insistí en que se quedara, pero sugirió que no podía. Se disipó de tal forma que pude ver los paneles sobre la pared a través de él. Después se convirtió en un punto plateado y se marchó.

Lucy sintió que su abuelo la visitó en un sueño esa noche. Ella dijo, "este recuerdo me da la fortaleza y convicción para seguir el camino hacia mi futura felicidad en la vida". Desde la visita, Lucy ha descubierto el significado de dos de los cuatro puntos. El primer punto fue un accidente automovilístico muy traumático en el que ella pudo haber muerto, pero sólo sufrió heridas leves. El segundo punto fue el nacimiento de su hijo, que cambió su vida para bien; le ayudó a darse cuenta de la importancia de la responsabilidad individual y la total dependencia que de ella tienen otras personas. El tercer punto representaba su creciente espiritualidad, que coordinó con su regreso al colegio universitario. El cuarto punto todavía no se ha manifestado, pero ella siente que ocurrirá en cuatro o cinco años.

Comunicación con espíritus

Los espíritus, a diferencia de los fantasmas, en ocasiones pueden comunicarse con los vivos. Si una persona frecuenta un lugar donde el difunto pasaba mucho tiempo, o donde murió, puede originarse una forma de comunicación psíquica. En lugar de una comunicación verbal completa, un espíritu se comunica en un nivel mucho más sutil.

Una persona sensitiva puede captar el humor de un espíritu. Sentimientos de tristeza o melancolía repentinos e inexplicables son indicaciones comunes, especialmente si sólo se ubican en una habitación o área. ¿Ha entrado a una habitación justo después que ha ocurrido una discusión, y notado una tensión en el ambiente? Este es el mismo principio presentado al percibir espíritus, aunque la tensión espiritual puede durar mucho más tiempo y ser más intensa.

Con mucha frecuencia, los vivos no reconocerán los intentos de contacto proveniente de los espíritus. Por lo general el contacto es hecho en el estado hipnagógico, definido como el estado beta medio despierto y medio dormido. En hipnosis, el estado hipnagógico es alcanzado para hacer que el subconsciente del individuo logre resultados efectivos. En este estado, las personas tienden a estar más abiertas a la sugestión, son más conscientes de su entorno y pueden recibir más impresiones psíquicas, incluyendo intentos de contacto del mundo espiritual.

Los animales y niños pequeños son más conscientes de la actividad paranormal, aún antes que los adultos con capacidad de percibir tales fenómenos. Una mascota de repente puede mostrar un comportamiento muy alerta y, dependiendo del tipo de espíritu o fantasma, podría volverse muy amigable o aprensiva al respecto. Los niños menores de cinco años también son muy sensibles a fantasmas y espíritus. En muchos casos, tienen "amigos imaginarios" que pueden haber estado vivos en algún tiempo. Personalmente conozco un niño de tres años que tenía un amigo imaginario que usaba grandes gafas, barba incipiente y una cicatriz muy detallada en su frente. Después se supo que alguien con las mismas características había muerto en su casa hacía más de cuarenta años. El niño dijo al final que el hombre "se fue de la casa" después que un médium había limpiado espiritualmente la vivienda. El pequeño no se encontraba en casa cuando el médium realizaba su trabajo.

Liberación de espíritus

Durante cientos de años, muchos han afirmado tener la habilidad especial de poder contactar con los espíritus de los muertos. El movimiento espiritualista alcanzó su cumbre en la época victoriana, durante la cual se hacían a diario sesiones de espiritismo e intentos de contacto con el mundo espiritual. La mayoría de sesiones y los canalizadores asociados con ellas eran sólo montaje, pero muchas personas quedaban convencidas de que se hacía contacto con los espíritus de seres queridos. Aunque la mayoría eran fraudes, algunos canalizadores honestos trabajaban con el único propósito de ayudar a los espíritus a "pasar al otro lado".

Actualmente, aún hay personas que tienen la especial habilidad para lograr el contacto espiritual, y utilizan tal destreza para ayudar al espíritu a abandonar el área frecuentada. Estos individuos son llamados "guías liberadores de espíritus". Este guía trabaja por lo general junto a un canalizador para hacer contacto con el espíritu. El propósito es ayudarlo a continuar con su camino y prepararlo para la siguiente vida. Es común encontrar una forma de resistencia porque los espíritus pueden no estar dispuestos a creer que ya están muertos, no desean dejar a sus seres queridos, o no quieren abandonar el mundo sin finalizar un asunto importante o cumplir una promesa especial. El guía liberador de espíritus los ayudará a aceptar sus muertes y a resolver los asuntos que pueden mantenerlos ligados al mundo terrenal. Una vez que el espíritu ha aceptado la ayuda de un guía, la transición se presenta con naturalidad.

Otra forma en que el espíritu puede comunicarse con los vivos es a través de los sueños. Esto puede ocurrir durante uno de dos casos. Primero, justo después de morir la persona, visitará uno o dos seres queridos para despedirse y asegurarles su bienestar. El segundo caso se presenta cuando alguien enfrenta problemas muy difíciles y el espíritu del ser querido regresa para ofrecer guía y, algunas veces, consejos. Los sueños con estas características son por lo general mucho más claros y realistas que los normales. También tienden a brindar una sensación de paz y serenidad. En algunos casos, éste puede percibir un olor familiar asociado con el espíritu cuando vivía. El olor a tabaco, pipa, perfume y otros aromas son comúnmente descritos cuando alguien habla de esta experiencia.

Duendes

El tercer tipo de evento paranormal es atribuido a este tipo de entidades también llamados "fantasmas ruidosos". A primera vista, el duende puede parecer similar a fantasmas y espíritus, pero con un examen más detallado, las diferencias superan las similitudes.

Una característica de los duendes es que la actividad paranormal usualmente está concentrada alrededor de una persona y no en un lugar. Esta persona es llamada el "epicentro". Si el epicentro confronta el duende y exige que la actividad cese, por lo general ésta se detiene de repente por algún tiempo.

Hay rasgos comunes entre la mayoría de epicentros. Se ha encontrado que los duendes tienden a manifestarse alrededor de individuos que están sufriendo una gran tensión física y emocional, y que la mayoría son adolescentes que atraviesan la pubertad. Otra característica común es que los epicentros son personas de naturaleza introvertida, sin muchos amigos o asociados. Tienen tendencia a pasar gran parte de su tiempo solas y poseen una inteligencia promedio o por encima de lo normal. Los epicentros no son propensos a hacer bromas, lo cual hace que la experiencia con el duende sea un evento muy inesperado.

Muchos investigadores de eventos paranormales creen que los duendes tienden a manifestarse alrededor de individuos que han estado reprimidos psicológicamente y afectados de alguna forma. Estas heridas psicológicas podrían incluir abandono, abuso físico y mental, y vejación sexual. En un ambiente donde este comportamiento es común, las súplicas pueden ser ignoradas y pasar desapercibidas durante mucho tiempo. De este modo, el epicentro no puede encontrar una forma de expresar su agresión y empieza a retener las emociones en su interior, acumulando una sobre otra constantemente.

Después de que las emociones han alcanzado un nivel extremo en el epicentro, hay un punto de ruptura que la persona subconscientemente desata para liberar la presión. Este desfogue de emoción es tan concentrado, que se puede crear las condiciones ideales para la aparición de un duende. Eso podría explicar por qué sólo una persona generalmente es escogida como epicentro.

Esta aparente inteligencia daría más crédito a la idea de que los duendes son una forma de espíritu. En los eventos asociados con duendes son muy comunes los golpes. Estos sonidos pueden proceder de casi cualquier tipo de superficie sólida, tal como paredes, camas, puertas o mesas. En principio no hay un patrón discernible en los golpes. Si el duende persiste durante un tiempo, puede desarrollarse una forma primitiva de comunicación. El epicentro puede hacerle una pregunta, y diferentes secuencias de golpes pueden representar respuestas distintas. Esto se logra con preguntas simples cuya respuesta sea "sí" o "no" o un valor numérico. Los sonidos de golpes que han sido reportados con los duendes, tienden a ser de la misma naturaleza del que a menudo se oye en sesiones de espiritismo, o sea un sonido sordo y metálico.

El movimiento de objetos es tal vez el fenómeno más común asociado con el duende. Cuando empieza la actividad paranormal, los objetos antes extraviados son encontrados en lugares extraños donde normalmente no estarían. Por ejemplo, objetos pequeños tales como llaves o gafas pueden ser hallados en el congelador o sobre un armario. Si la presencia del duende se hace más fuerte, los movimientos también serán más intensos.

Muebles y artículos pesados pueden ser movidos en un momento y sin advertencia. Las bombillas pueden ser desenroscadas mientras la lámpara es prendida. En la etapa inicial, no hay contacto directo con el epicentro u otros miembros del hogar, pero puede ser desconcertante para una familia cuando hay muebles en movimiento, platos amontonados o aparatos volcados.

En las etapas más avanzadas de esta actividad paranormal, los objetos pueden ser lanzados hacia el epicentro u otras personas. Estos ataques son raros y sólo suceden en los casos más siniestros y poderosos. Algunos psicólogos creen que ocurre debido a un deseo inconsciente por parte del epicentro a hacerse daño.

Para las personas involucradas con este tipo de fenómenos, la duración promedio de esta actividad está entre tres semanas y dos años. Con el tiempo, la mayoría de eventos que involucran duendes disminuyen y desaparecen por completo.

Al investigar eventos paranormales, es necesario poner especial atención al estilo de vida de la familia, además de la edad del epicentro. Después de varios encuentros, podrá observar un claro patrón en los rasgos de personalidad del epicentro de tales eventos, que le ayudará en sus futuras investigaciones con duendes.

Entidades

Las entidades son consideradas por muchos como Ángeles o demonios. Son de naturaleza espiritual o etérea, y nunca han vivido como seres humanos. Este tipo de manifestación es muy raro, y en la gran mayoría de casos donde se sospecha su presencia, resultan ser simplemente fantasmas o espíritus.

Las entidades actúan de manera diferente a espíritus, fantasmas o duendes. Recuerde que los fantasmas son registros que no tienen forma de comunicarse con los vivos. Los espíritus pueden comunicarse con las personas, pero tienden a hacerlo por medio del pensamiento, sueños o señales que pueden ser de significado especial para un ser querido o las personas a quienes es dirigido el mensaje. En cuanto al duende, aunque puede parecer que hay una ligera inteligencia involucrada, las acciones se centran alrededor de un individuo.

Una de las principales características que pueden indicarle que está tratando con una entidad, es una abrumadora sensación de bien o mal asociada con la aparición. Tratar entidades es un caso donde lo mejor que puede hacer es escuchar sus sentimientos e instintos. Hay dos tipos principales de entidades que investigador de eventos paranormales puede encontrar: angelicales y demoníacas.

Entidades angelicales

Las entidades angelicales sirven como mensajeras o protectoras. Los encuentros con una entidad angelical son de carácter privado entre ella y el individuo o los individuos destinados a presenciarla. Otras personas en el lugar de la aparición no pueden ver la entidad, pero pueden tener una muy fuerte sensación de paz y bienestar. Las apariciones de Jesucristo y la Virgen María serían incluidas en esta categoría.

Los Ángeles son encontrados con frecuencia durante la experiencia cercana a la muerte, o en un tiempo de tensión extrema para la persona(s) visitada(s). Después del encuentro, la persona puede tener un cambio total en su estilo de vida, a menudo dejando a un lado viejos hábitos y dedicando su vida a hacer que otros sean conscientes de la bondad asociada con Dios y el universo.

Encontrarse con entidades demoníacas

Las entidades demoníacas no son muy comunes, pero es probable que como investigador de estos fenómenos, alguna vez se encuentre con uno o dos casos que involucren demonios. Éstos aparecen sólo después de que uno o varios individuos invitan a una de estas entidades a sus vidas de alguna forma. La manera más común es al practicar con diversas técnicas de adivinación sin haber recibido el entrenamiento adecuado. La escena típica, donde un grupo de adolescentes utilizan una tabla ouija, es un ejemplo perfecto de invitar la presencia de una entidad demoníaca.

Una persona que no esté versada en lo oculto, puede jugar con la tabla ouija para encontrar una respuesta a un problema o una pregunta de la vida cotidiana. "¿Con quién me casaré?". "¿Cómo seré cuando me haga adulto?". "¿Hay alguien que pueda escucharme?".

Si dos o más personas están usando la tabla ouija, la entidad se concentrará en quien tiene menor capacidad psíquica. En este caso, la psique se refiere a la cantidad de protección espiritual natural o aprendida que una persona puede poseer. La psique es como cualquier otra capacidad, puede variar de persona a persona, pero es posible fortalecerla con estudio, práctica y disciplina.

Este tipo de entidad puede responder una o dos preguntas para calmar a quienes usan la tabla ouija dándoles una falsa sensación de confianza. El demonio puede presentarse bajo la apariencia de un espíritu compasivo que sólo quiere ayudar. Entre más utilice la tabla ouija una persona, mayor será la probabilidad de que la entidad pueda llegar a este reino para hacer estragos.

Otra manera en que un demonio puede inconscientemente ser introducido al hogar de uno o más individuos, es a través de la escritura automática. Aunque ésta puede ser una herramienta muy útil para tener libre acceso al subconsciente y a algunos de los reinos espirituales superiores, sin las precauciones adecuadas, podría ser un faro para una entidad demoníaca.

Cuando una entidad de este tipo se presenta, es muy difícil enviarla de regreso a su plano de existencia original. Bajo ninguna circunstancia se debería intentar desarrollar una investigación que pueda tener presente una entidad demoníaca. Debe ser consultado un sacerdote u otro profesional versado en tratar este tipo de fenómenos.

Intensificando la aparición

Con el tiempo, la aparición o fantasma se debilitará, y finalmente desaparecerá por completo. Sin embargo, la actividad paranormal puede ser recargada bajo las circunstancias apropiadas, especialmente en un área donde haya gran cantidad de transferencia energética. Si un objeto valioso perteneciente a la persona muerta es traído al área, las apariciones pueden ser recargadas. No obstante, hay unas razones que podrían hacer que se recargue un registro fantasmal. Estas circunstancias involucran similitudes de aura, renovaciones, grandes campos eléctricos y sesiones espiritistas o tablas ouija.

Similitudes de aura

Es un conocimiento común en parasicología y metafísica que todo ser viviente tiene una fuerza vital o aura. En tiempos bíblicos, a menudo se referían a esta energía como "halo". Según muchos expertos en metafísica, el aura es la esencia vital o campo psíquico que nos hace únicos.

El aura de un individuo vivo puede ser muy similar al de la persona que ha dejado el registro fantasmal o espíritu. Considerando qué tan similar es el aura, el registro o espíritu puede tomar parte de esta energía de la persona. Esto hace más fuerte al fantasma o espíritu, mientras deja a la persona sintiéndose muy agotada durante horas. El nivel energético de ésta finalmente se renovará con tiempo y descanso.

Renovaciones en un lugar físico

Las renovaciones en una habitación o edificación también pueden causar un aumento en la actividad de fantasmas y espíritus. Cuando las adiciones hechas en una casa o edificio cambian la apariencia general del diseño de la construcción, la actividad paranormal puede concentrarse en el área de las renovaciones. Lo más probable es que las apariciones sean visuales o auditivas, aunque en algunos casos se han reportado objetos "perdidos" tales como herramientas.

En el caso de un espíritu ligado al mundo terrenal que intenta comunicarse, sus esfuerzos pueden ser redoblados debido a cambios importantes en su entorno. Este es el caso cuando las renovaciones tienen que ver con una promesa no cumplida. Por ejemplo, si una persona prometió mantener en buen estado una casa de la familia, y ese lugar está siendo demolido para construir algo nuevo, la aparición del espíritu puede aumentar dramáticamente y hacer todo lo posible para evitar que la nueva casa sea terminada.

Grandes campos eléctricos o disturbios

Lo anterior también puede "recargar" un registro fantasmal. Lugares cercanos a torres eléctricas a menudo tienen una mayor actividad paranormal. No sólo son más comunes los fantasmas y espíritus, sino también otros eventos paranormales tales como los ovnis. La teoría es que se atrae energía de la gran fuente eléctrica de la misma forma que el fantasma absorbe energía del aura. Si han aumentado las alteraciones eléctricas en la casa, por ejemplo bombillas fundiéndose más seguido, o un gran número de fusibles quemados, es probable que la causa sea un fantasma. (Antes de hacer esta conclusión, asegúrese de que esté en buen estado el cableado eléctrico en el área).

Sesiones de espiritismo o tablas ouija

Debido a que muchas personas no saben que hay una diferencia entre espíritus y fantasmas, pueden intentar ponerse en contacto con un fantasma de cualquier forma posible. El método más común es por medio de una sesión de espiritismo o la tabla ouija. Cualquier intento organizado por contactar espíritus de los muertos de esta manera, generalmente producirá resultados inesperados. En el caso de un fantasma, la energía usada para "contactarlo" podría emplearse para recargarlo, haciendo más frecuentes las apariciones. En el caso de un espíritu, puede estar consiguiendo mucho más de lo que se esperaba.

Ahora es necesario dar una advertencia acerca de intentar ponerse en contacto con espíritus de esta forma. Usted podría estar abriendo un vórtice o puerta a espíritus malévolos en lugar de los que originalmente intentaba contactar. Esto es peligroso con personas que no saben lo que hacen en cuanto a sesiones de espiritismo y tablas ouija. Recomiendo enfáticamente a quien esté investigando una actividad paranormal, que no use estas formas de comunicación ni se involucre en investigaciones en las cuales los testigos las emplearon.

Dos

INVESTIGAR UN ÁREA CON POSIBLE ACTIVIDAD PARANORMAL

FUERA DE IDENTIFICAR diversos tipos de fenómenos, es importante saber cómo desarrollar una investigación. Gran parte de la investigación del fenómeno paranormal se lleva a cabo antes de visitar el lugar.

Hay muchas formas de examinar una casa con actividad paranormal, pero todas empiezan con una investigación. Tenga en cuenta que la investigación histórica del sitio es muy necesaria para estudiar con precisión la actividad paranormal. De esta forma logrará prestar mejor ayuda a sus habitantes para entender la naturaleza de las manifestaciones.

Un procedimiento significativo incluye al menos cuatro fases: (1) entrevista inicial con testigos oculares del evento. Estos relatos son muy importantes para el investigador, y deberían ser tomados seriamente y documentados con precisión; (2) visitar la biblioteca local u otros lugares para obtener información independiente de los relatos de testigos. Investigar diferentes fuentes es la clave en esta fase; un buen investigador debe ser lo más imparcial posible; (3) regresar al lugar de la actividad paranormal para entrevistar a los testigos sobre cualquier evento reciente (desde la entrevista inicial), y examinar el área buscando señales de actividad espectral. En este punto, los investigadores deben usar su equipo disponible (vea más adelante la fase tres); y finalmente, (4) concluir y tomar una decisión basada en todos los datos recolectados. La siguiente es una descripción más detallada de cada fase de una investigación, pero primero unas palabras de advertencia.

Sea prudente, no crédulo

Las personas contactan investigadores paranormales por varias razones. La mayoría de los casos puede ser clasificado en una de las siguientes categorías. Aprender a distinguir en qué categoría se encuentra una persona, es una de las habilidades más importantes que usted puede adquirir en este campo: (1) la mayoría de personas tiene la necesidad de una ayuda legítima y no saben qué hacer con sus problemas paranormales; (2) otras necesitan tener a alguien entendido en este campo, capaz de asegurarles que tales eventos efectivamente suceden; (3) sin embargo, hay quienes sólo buscan divertirse a expensas del investigador reportando "encuentros" que rayan en lo fantástico. A menudo son jóvenes que quieren hacer bromas; (4) algunas personas desean darse a conocer fabricando un elaborado fraude o trampa. Encontrar un investigador paranormal para comprobar y validar sus afirmaciones, puede sólo dar más crédito a su historia; y (5) algunos individuos mentalmente enfermos pueden contactarlo para solicitar ayuda.

La información recolectada al principio deberá incluir el nombre de la persona, su dirección, número telefónico y más información pertinente (incluyendo la mejor hora para llamarla o encontrarla), la localización de la actividad paranormal, frecuencia y detalles del evento (quién, qué, cuándo, dónde, cómo). Luego sea claro en cuanto a su respuesta y tiempo necesario para organizar una investigación inicial.

Analice el tono de voz, la personalidad, etc., de quien lo ha contactado. No acuerde un encuentro con la persona en la llamada inicial. Por supuesto, hay excepciones en cada una de estas reglas, pero en general use su juicio.

Fase 1: entrevistar testigos oculares

Si desarrolla una investigación independiente, es prudente contactar a las personas que viven en el sitio afectado para arreglar una entrevista, si ellas están de acuerdo. Sea amable y profesional. Si prefieren no trabajar con usted, respételes la decisión. Después de reunir la información básica, asegúrese de obtener los nombres de anteriores ocupantes del lugar, si es posible. (Puede contactarlos posteriormente para ver si también han presenciado encuentros).

A veces las personas dudarán de compartir este tipo de experiencias, especialmente con extraños. Asegurar la total confidencia usualmente guía a la cooperación. ¡La confidencialidad es indispensable!

También es muy importante registrar la información concerniente a la historia de la familia, que puede ser tan importante como la historia de la casa. "¿Alguno de sus padres/abuelos experimentó algo similar?", o "¿a veces sueña con cosas antes que sucedan?". Vea en el apéndice A un cuestionario guía para utilizar cuando entreviste testigos.

Responda a las preguntas en forma honesta y clara. Logre un buen equilibrio; en lugar de sólo tomar información de la familia, ofrezca también algunas respuestas. Hable con la familia, sea conversador pero también profesional. ¡Después de todo, ellos son la principal fuente de información sobre fantasmas y espíritus en su investigación!

Al final de la primera entrevista, puede programar otro encuentro con los residentes del lugar. Examine las respuestas y escriba los detalles que considere importantes para la investigación. Comparta con los residentes la información sobre la historia de la casa. De nuevo, todas las veces, sea prudente y sincero. Mantenga a los testigos informados sobre nueva información.

Lenguaje corporal

El lenguaje corporal es posiblemente el factor más importante a tener en cuenta cuando se entrevista a un testigo ocular. Muchas personas tienen la habilidad verbal de exagerar, o mienten por completo, pero la mayoría tiende a pasar por alto la reveladora naturaleza de su lenguaje corporal.

El lenguaje corporal puede conducir a una mirada de información acerca de la veracidad de la persona, si está o no ocultando información, inventando hechos y otras cosas. Hay muchos libros al respecto que serían muy útiles si desea profundizar en el tema. Aunque no sugiero confiar sólo en el lenguaje corporal como indicador de la verdad, tenga presente que aunque la mayoría de personas engañosas han practicado el relato hablado, rara vez practican el lenguaje corporal. A continuación veremos algunas de las más comunes señales a tener en cuenta cuando se entrevista a un testigo ocular.

Contacto visual
Si una persona mueve su mirada de lado a lado, y nunca hace contacto visual, es probable que no esté diciendo la verdad. A la inversa, si el individuo lo mira directamente a sus ojos, también sea cauteloso. Quien dice la verdad tendrá un contacto visual moderado.

Cruzar brazos y piernas
Si una persona se sienta frente a usted con los brazos y piernas cruzados, puede interpretarse como una señal de defensa. Tal vez no cree lo que usted le está diciendo, no desea compartir información, o puede estar incómoda con la situación.

Mover la postura frecuentemente
Si la persona cambia de posición más de tres veces por minuto, puede estar mintiéndole. El movimiento es hecho como una distracción inconsciente y da al individuo una oportunidad muy breve para pensar cómo va a responder su pregunta.

Inclinación

Si el individuo se inclina hacia el entrevistador, es una indicación de que le interesa la conversación. Esto sugiere una firme disposición a cooperar. Sin embargo, si se inclina alejándose del entrevistador, la persona no está siendo receptiva a la pregunta o tema de conversación. En este caso puede haber una mayor actitud defensiva.

Fase 2: colectar información independiente

Una vez que obtenga la información de la familia (incluyendo nombres de testigos y lugares o fechas de eventos específicos), debe pasar al siguiente paso de la investigación reuniendo la mayor cantidad posible de datos independientes. Esto significa ir a la biblioteca local. ¿Quién construyó la casa? ¿Era un sitio residencial o comercial? ¿Estaba cerca a un cementerio o campo de batalla? En el apéndice A, encontrará una guía de preguntas que podrá usar en este momento. La mayoría de bibliotecas tienen una sección o archivos de historia. Dependiendo de la intensidad de la actividad paranormal, le tomará varios días o unas semanas llevar a cabo la investigación de acuerdo a las pistas que tiene.

Siempre lleve dinero disponible para pagar por servicios. Muchas bibliotecas no permiten el préstamo externo de sus libros, periódicos y otros registros, y por lo tanto es necesario elaborar fotocopias. La biblioteca es una de sus herramientas más valiosas.

Al realizar investigaciones de esta manera, quizás encontrará algunos hechos asombrosos sobre el área con actividad paranormal. Además, aprenderá mucho acerca de la historia de la ciudad, lo cual puede resultar valioso cuando entreviste a las personas. Es muy importante recordar que para ser un buen investigador, también debe ser un buen historiador.

Además de la biblioteca, también existen otras instituciones con información geográfica del área. Consiga mapas o información similar que le ayuden a determinar las características físicas del terreno.

Una vez conocidos los hechos históricos, es tiempo de hablar con personas que pueden poseer una gran cantidad de información verídica sobre el área, o incluso las leyendas detrás de ella. Los residentes de comunidades de jubilados y clínicas de reposo son fuentes valiosas que a menudo se pasan por alto. Ellos estarán muy contentos por compartir historias de su pasado. Incluso pueden saber la identidad del espíritu o fantasma.

También puede solicitar por medio de anuncios cualquier información disponible. Cada vez que hacía esto durante una investigación, siempre recibía al menos una o dos llamadas telefónicas de personas que me ayudaban enormemente. Un jubilado quedó tan impresionado con el trabajo que yo estaba haciendo, que facilitó en gran parte mi investigación. Me ayudó hablándome de la arquitectura, la historia del lugar y otros hechos que nunca habría encontrado en archivos o periódicos.

Fase 3: investigar el área
con actividad paranormal

Hay seis pasos específicos para investigar efectivamente el área con actividad paranormal. Cada paso es vital para lograr una investigación precisa y exitosa, por eso es imperativo que sean seguidos en detalle. Entre más minucioso sea el trabajo en su investigación, mayor será la probabilidad de encontrar información y datos útiles.

Paso uno: defina el tiempo necesario para hacer una investigación

El tiempo de una investigación varía de lugar a lugar. Tenga en cuenta la frecuencia de la actividad paranormal, el tamaño de la casa y el tiempo de acceso directo que tenga en el área. Un buen estándar es 30 a 60 minutos por habitación. Dedique más tiempo a habitaciones con mayor actividad paranormal. Debe ser tiempo suficiente para tomar fotografías, registrar voces, tomar lecturas de temperatura y otras pruebas para detectar actividad paranormal. Establezca por anticipado cuánto tiempo necesita y discútalo con las personas involucradas en el caso.

En una ocasión cuando realizaba una investigación de un hotel en Parkersburg, sólo se me permitió trabajar entre las 10:00 P.M. y las 8:00 A.M. El equipo y la investigación podrían haber tenido un impacto negativo en la reputación del hotel. Sin otra alternativa, llevé a cabo la investigación con la ayuda muy servicial de la auditora nocturna quien compartió conmigo abiertamente sus relatos. ¡Pronto descubrí que de todos modos la mayor parte de la actividad ocurría entres esas horas!

Paso dos: recorra el área

Familiarícese con el área que está investigando. Consulte con los dueños o residentes dónde han ocurrido eventos paranormales. Fotografíe el frente del área para usar como referencia. Si hay más testigos oculares, pídales que le muestren dónde sucedió la actividad paranormal y marque el sitio en el mapa. Asegúrese de tomar notas claras de lo que le dicen los testigos. Si es posible, grabe las conversaciones.

Mientras recorre el área, observe las peculiaridades que puedan ser la causa de algunas de las manifestaciones: ¿las puertas están balanceadas, o se mueven debido a problemas estructurales? ¿Hay corrientes de aire junto a una ventana que puedan causar movimiento? ¿Hay alguna tubería que podría producir golpeteos?

Paso tres: herramientas necesarias

Pruebe siempre su equipo de investigación antes de utilizarlo. Asegúrese de tener baterías, cassettes y película disponible antes de iniciar una investigación. Concentre sus esfuerzos en las habitaciones con mayor actividad paranormal.

Siempre documente la condición de cada pieza del equipo justo antes de usarlo y después de terminar. Tome nota si hubo alguna manipulación de los instrumentos.

Realice una grabación individual para cada habitación si es posible. De esta forma es más fácil tener acceso a la información y además evitará borrar algo importante.

Paso cuatro: registrar las impresiones

No sólo debe documentar las lecturas del equipo, también es necesario tomar nota de sus propias apreciaciones, de los otros miembros del grupo de investigación o de los testigos oculares que lo acompañan. Puede parecer insignificante en el ese momento, pero hasta la más pequeña pista puede marcar la diferencia en una investigación. Escriba todos los cambios, impresiones, lecturas y otras experiencias, ya que en ese momento será difícil distinguir entre lo que es o no importante.

Paso cinco: organizar y buscar algo anómalo

Al concluir el recorrido del área, organice los datos y revise la película o cinta en busca de algo anómalo. Compare notas de relatos personales que recibió de testigos oculares. Si hay algo fuera de lo normal en la película o cinta, permita que lo examinen otros miembros del grupo. Discuta los descubrimientos y saque una conclusión.

Paso seis: determine si necesita hacer otra visita

Si considera necesario regresar al área afectada, póngase en contacto con los propietarios o residentes y desarrolle los pasos del uno al cinco nuevamente, hasta reunir toda la información necesaria. Tal vez deba repetir los pasos muchas veces antes de tomar una decisión. Cada visita deberá ser en detalle. Nunca dé nada por sentado, ni pase por alto la más pequeña cosa que pueda ser útil después. Si no es necesario realizar más visitas, diríjase a la Fase cuatro.

Paso siete: siga todas las pistas

Investigar algo, ya sea un caso paranormal o una tesis para doctorado, es muy similar a unir todas las piezas de un rompecabezas. Usted sabe que la información que ha reunido está relacionada, pero no sabrá cómo conectarla hasta mucho más adelante en el proceso de investigación.

Un buen investigador documentará cuidadosamente toda la información que encuentre. Son cruciales los nombres y números de los contactos con quienes ha hablado. Como lo mencioné en el capítulo sobre las herramientas necesarias, mantenga una lista de contactos a todo momento.

Al recibir nueva información, investíguela lo más pronto posible. De esta forma está aún fresca en su mente. Entre más tiempo espere para seguir una pista, es más probable que olvide parte de ella, incluso si toma notas. La información debería ser investigada el mismo día, pero a veces es imposible hacerlo. Yo siempre investigo cualquier información en uno o dos días por tarde.

Investigar una pista es algo más detallado que examinar documentos y entrevistar personas. La documentación precisa es decisiva para una investigación productiva y segura. Yo escribo un resumen de los eventos de cada día. Reúno todas mis notas, información de contactos, fotografías, lecturas de instrumentos, registros, etc. que fueron usados durante el día, y documento lo que tengo en el computador.

Fase 4: concluir la investigación

Una vez investigada la actividad paranormal, el paso final es darle una conclusión a la misma. Esta fase consiste en tres pasos básicos.

Paso uno: llegar a una conclusión

Discuta con los otros miembros del grupo para determinar el tipo de actividad paranormal que han investigado (fantasma, espíritu, duende, otro fenómeno paranormal, una trampa o fraude) y escriba un resumen de sus descubrimientos. Este resumen deberá incluir hechos, nombres, lugares y las razones que lo guiaron a su conclusión. Dependiendo de la intensidad de la actividad paranormal, el resumen puede variar en contenido.

Paso dos: archivar la información

Archive información y material. Estipule el sitio, la fecha de inicio y final de la investigación. El archivo debe incluir fotografías, negativos, cassettes, notas, mapas, etc.

Paso tres: informar a las personas involucradas

Póngase en contacto con las personas involucradas en la actividad paranormal e infórmeles de su conclusión. Puede hacerlo a través de los medios comunes de comunicación, con una carta o una visita personal.

Almacenamiento de datos para fácil acceso

Este es uno de los aspectos más importantes al desarrollar cualquier tipo de investigación. Después de acumular sus datos, es esencial clasificarlos de tal forma que puedan ser usados en forma efectiva. Hay variedad de métodos para hacerlo. Escoja el más apropiado para usted.

En mi caso aunque ahora uso computadores para organizar mis archivos, sigo empleando el mismo formato para documentar la información. Es prioritario que ponga la siguiente información en su base de datos.

Nombres

Esta sección incluye nombres de personas que viven en estos lugares y están directamente involucradas en los eventos paranormales, los antiguos habitantes, o cualquiera que se sospeche que es el espíritu o fantasma.

Fechas

Incluye las fechas en que contactó a las personas involucradas en los eventos paranormales, cuándo se instalaron en la residencia o se mudaron, u otras fechas pertinentes que usted encuentre. También se incluye el tiempo en que fue construido un lugar.

Aquí es donde conocer la historia del lugar es beneficioso. También puede registrar la época en que una supuesta aparición puede haberse originado. (Guerra civil, victoriana, etc.).

Sitios

Son los lugares donde ocurren los eventos paranormales. Esta sección debe incluir cualquier historia disponible sobre un lugar. Recortes de periódico, planos arquitectónicos (si hay disponibles) e información acerca del área circundante.

Investigue cómo era el área durante la época en que pudo haberse originado la aparición. Las construcciones y lugares cambian con el tiempo.

Por ejemplo, uno de los fantasmas que investigué en 1996, fue el de un jinete que era visto galopando sobre el río Ohio. ¡Esto sería un fenómeno bastante extraño, incluso para una aparición! Después de hacer algunas investigaciones en el área, descubrí que un gran puente cubierto existió en la zona donde el jinete era visto.

Tipos de manifestaciones

En esta sección sería bueno registrar cualquier información acerca de un fenómeno paranormal. De esta forma se facilitaría encontrar un patrón, tal como cuándo ocurren los eventos, cada cuánto, etc. Registre la frecuencia de las apariciones u otros eventos paranormales, qué sucede durante un encuentro, y la información que pueda reunir de los testigos oculares, grabaciones, etc. Puede organizar los archivos de la forma que desee, pero es esencial documentar esta información.

Tres

Fotografía paranormal

Joseph Nicephore Niépce creó el proceso fotográfico en junio de 1827. En 1817 comenzó
las investigaciones en lo que se conoció
como fotografía. Era de común conocimiento que las sales de plata tenían una
reacción química a la luz, pero la mayoría de
personas consideraba esto una curiosidad.

La primera fotografía fue de un paisaje
que incluía el lado de un edificio, un gra-
nero y un árbol. El desarrollo de la imagen tomó más de ocho horas. Poco después de que la fotografía fue conocida en
ciertos círculos científicos, Niépce se aso-
ció con Louis Daguerre. Por medio de

una de una continua investigación, redujeron el tiempo de desarrollar una fotografía de ocho horas a menos de una. Con el tiempo se lograron avances en las técnicas fotográficas, hasta popularizar la cámara por primera vez. La fotografía de imágenes espirituales sucedió por accidente menos de veinte años después.

Historia de la fotografía paranormal

El primer informe documentado de fotografía paranormal ocurrió en Gran Bretaña en el año 1862. William H. Mumler, un fotógrafo y grabador británico, había estado experimentando con una cámara que en ese tiempo se consideraba como una curiosidad en círculos acaudalados. La fotografía estaba convirtiéndose en algo común en la sociedad. Mumler compró una cámara y empezó a usarla fotografiando parientes y amigos.

Un día, mientras Mumler desarrollaba unas fotografías de miembros de la familia, notó algo muy extraño. Imágenes de parientes que habían muerto hace mucho tiempo, aparecieron en la misma fotografía de sus familiares vivos. Consultó con su familia y confirmó que las imágenes eran de personas que habían muerto mucho antes del invento de la cámara.

Hasta este momento, Mumler no tenía interés o experiencia en lo paranormal. Al mejorar sus técnicas pronto se encontró al frente de fotografías de miembros de la familia, amigos y conocidos fallecidos. En ocasiones nada aparecía en sus fotos; otras veces aparecían hasta quince retratos translúcidos en una sola fotografía. La mayoría de imágenes eran de parientes y amigos, pero algunas mostraban completos desconocidos para Mumler o su familia. Las imágenes eran borrosas, aunque algunas fotografías mostraban las comunes luces, humo y apariciones que serán descritas en detalle más adelante.

Cuando la cámara se hizo más accesible para el consumo popular en los años siguientes, cada vez era mayor los reportes sobre fotografías donde aparecían situaciones paranormales inexplicables. Si en la actualidad se analizan en detalle las primeras fotografías, algunas pueden ser fácilmente explicadas como débiles intentos de fraude, pero muchas parecen ser auténticas; en realidad la gran mayoría de ellas. Así se iniciaron los emocionantes y controversiales fenómenos de fotografía paranormal.

Las fotografías que contienen manifestaciones paranormales son registradas por lo general sin el conocimiento del fotográfo. Sin embargo, fotografiar un espíritu o fantasma es posible para un investigador paranormal.

Tipos de manifestaciones fotográficas

Sería prudente hablar brevemente de los cuatro tipos de manifestaciones que se pueden encontrar en una película. Estas manifestaciones son orbes, vórtices, formas humosas o vapor, y apariciones. Esta sección dará una descripción y una muestra de cada tipo de manifestación fotográfica.

Luces

Las luces y luminosidades son comúnmente encontrados en fotografías de un área con actividad paranormal. Mientras las otras imágenes en fotos (tales como el humo, apariciones, etc.) pueden revelar un fantasma o espítitu, las luces son un poco diferentes. Estas indican que el área contiene abundante energía psíquica.

Cuando estas luminosidades se registran en las fotografías, parecen ser círculos pequeños —o medianos— mucho más claros que el área circundante. A veces pueden aparecer uno o dos, o más de cincuenta, dependiendo de la concentración de la energía psíquica. Los colores pueden tener un matiz blanco grisáceo, amarillo, azul o rojo. Muchas de estas fotografías son tomadas en antiguos campos de batalla, cementerios o en hoteles donde alguna vez hubo congregación de individuos. Aunque la aparición de luces no siempre indica un fenómeno paranormal, con mayor frecuencia se manifiestan en áreas de actividad paranormal o espiritual.

Aunque a primera vista las luces parecen similares a los círculos creados por luz solar reflejada, los análisis detallados determinan que estas son fenómenos psíquicos únicos. Las luces parecen concentrarse cerca o alrededor de la persona u objeto que emana la energía psíquica. Las luces cerca al epicentro no siempre son más grandes, pero si son más brillantes, y a veces casi opacas. Entre más lejos estén del epicentro, las luces pueden perder su visibilidad, hasta desaparecer por completo. Otra diferencia entre las luces y las manchas solares, es que muchas de estas fotografías han sido tomadas lejos de la influencia solar. Las más sobresalientes fueron registradas en días nublados, en la oscuridad, o bajo condiciones de iluminación tenue.

Las luces a menudo aparecen cerca de personas con cualidades psíquicas, o en lugares afectados por una intensa actividad emocional. Muchas de las fotografías de médiums, de personas en estado de meditación o espiritual, o de participantes de una sesión de espiritismo, han registrado luces. Lo mismo ocurre en sitios con eventos paranormales, en áreas que han tenido impresiones emocionales intensas (campos de batalla u otros lugares donde las personas fueron heridas, encarceladas o muertas), o en situaciones similares. Sin embargo, es importante observar que no son los espíritus o registros reales. A menudo se presentan con estas apariciones, pero este tipo de luces no es prueba positiva de que un lugar experimenta actividad paranormal. Simplemente significa que es necesario realizar una investigación más a fondo y que quizás se trata de un sitio paranormal. Las luces pueden aparecer en cámaras digitales y de película con similar frecuencia.

He tomado fotografías de luces en muchas ocasiones. La más dramática fue en un área de batalla de la Guerra Civil fuera de Charleston, Virginia Occidental. Después de desarrollar las fotos, encontré más de 42 luces muy notorias en la película.

Aunque las luces son los tipos más comunes de fenómenos paranormales capturados en película, es importante reconocer el entorno que está fotografiando para evitar malentendidos en el momento de analizar los resultados.

A continuación analizaremos tres fotografías. La primera muestra una serie de luces que fueron registradas en un área con actividad paranormal. Observe su redondez y claridad. La segunda foto es de nieve cayendo. Muchos escépticos de la fotografía paranormal dirían que todas las luces son el resultado de condiciones climáticas tales como la nieve. Observe que la textura de la nieve es distinta a manchas luminosas. La tercera fotografía es la refracción de la luz del Sol que forma las manchas solares. Éstas se ven diferentes a las luces en la fotografía paranormal. Observe la forma de las manchas solares; son hexagonales en lugar de esféricas. Además, aparecen alineadas y no aleatoriamente en toda la fotografía. La última diferencia es el color de los hexágonos. Mientras las luces aparecen por lo general de color lechoso o blanco grisáceo, los hexágonos son rojizos o anaranjados.

Vórtices

Además de las luces, el vórtice es el tipo más común de evento paranormal capturado en película. Por lo general son encontrados en el punto focal del área con actividad paranormal; esto es, el lugar donde ocurren la mayoría de eventos fantasmales, y el centro del punto frío. Los vórtices suelen ser estacionarios, pero han sido fotografiados cambiando de forma, aumentando o disminuyendo su tamaño, y también formando extensiones.

Una fotografía de luces tomada durante una investigación. Observe la textura y el patrón de la luminosidad. Muchas luces pueden registrarse en una sola fotografía. (© 1999 MAJDA)

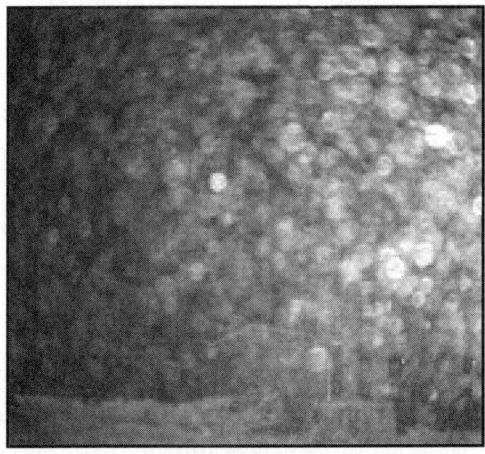

Un ejemplo de nieve en una fotografía. Aquí no hay un patrón claro y la textura es mucho menos precisa, comparada con las luces de la anterior fotografía. (© 1999, IGHS)

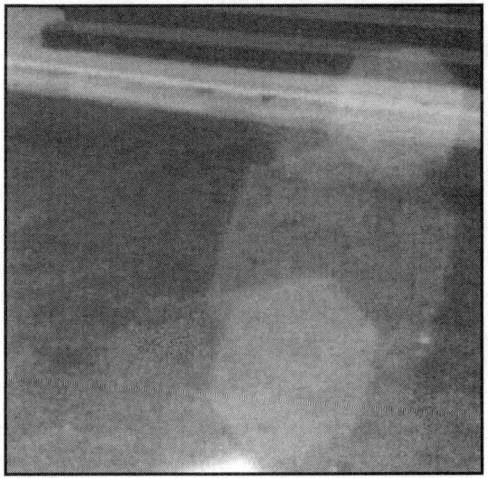

Como lo muestra la fotografía, las manchas solares usualmente aparecen en línea recta. Además, tienen forma hexagonal, a diferencia de la forma esférica de las luces. (© 1999, IGHS)

Los vórtices a veces proyectan una sombra, si el fotógrafo está usando flash. El vórtice se asemeja a la correa o cinturón que sujeta la cámara. (La siguiente foto muestra la correa de la cámara colocada en frente del obturador). Aunque la anchura y altura son muy similares al tamaño del vórtice, la diferencia radica en la apariencia general. La correa es notoriamente más oscura y tiene una anchura más uniforme. En el caso del vórtice, la forma por lo general se angosta en la parte inferior y el color es blanco vivo.

Formas humeantes o vapor

El segundo tipo de manifestación paranormal encontrado en fotografías es el humo. Ésta es mucho más dramática que las luces, pero no tan común. Tales fenómenos son registra-

Este es el ejemplo de un vórtice que aparece en muchas fotografías paranormales. Parece ser una forma muy concentrada de vapor.
(© 1999, IGHS)

dos por accidente. Se cree que son el espíritu real de una persona, o incluso el aura de un ser humano vivo. Casi tan común como el vórtice es lo que los parasicólogos llaman "vapor".

Este fue el primer tipo de fenómeno que fotografié cuando me convertí en investigador paranormal. Es muy similar al vórtice, pero con algunas excepciones. En lugar de tener una forma sólida, el vapor posee características nubladas o semejante a humo, pero sin la consistencia del humo del cigarrillo. Es como si estuviera en el proceso de formar un vórtice. A veces, una cara o parte del cuerpo puede ser vista en forma de vapor. El humo de cigarrillo es un poco menos denso que la forma de vapor. Finalmente, el aire exhalado al respirar en climas muy fríos es de similar contextura a una nube, y puede

Las correas o sugetadores de cámaras a menudo son confundidas con vórtices. Una observación más detallada revela muchas diferencias. Por ejemplo, la correa no se estrecha en la parte inferior de la fotografía, y es mucho más oscura que el vórtice, que generalmente tiene un color blanco vivo. (© 1999, IGHS)

ser fotografiado con facilidad. Su forma es mucho más condensada, en lugar de tener un borde definido.

Se cree que las formas de humo son impresiones de los registros o auras de quienes han muerto. Tales formas aparecen en eventos paranormales que involucra fantasmas, no de espíritus.

Apariciones

El tercer tipo de manifestación encontrado en fotografías paranormales es la aparición. Ésta ocurre cuando la forma real de la persona u objeto aparece en la película. Caras, ropa y otros factores de identificación pueden ser vistos, aunque nada paranormal se haya detectado en el momento

Este es un ejemplo clásico del vapor o forma de humo. Observe que hay un contorno definido en el borde externo de la forma. (© 1999 MAJDA)

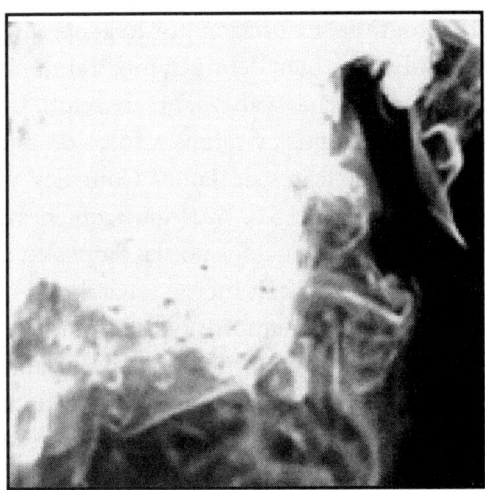

Aunque esta fotografía de humo de cigarrillo es similar a la forma de vapor, existen muchas diferencias. Observe cómo el humo es mucho más definido en los bordes comparado con el vapor, que tiene una apariencia mucho más sutíl. (© 1999, IGHS)

La respiración exhalada en tiempo frío también puede ser confundida con una manifestación paranormal. En este caso, la forma completa es opaca y más densa que el humo de cigarrillo o el vapor. (© 1999, IGHS)

de tomar la fotografía. La imagen por lo general revelará la forma de un individuo bien definida, mostrando una o más partes del cuerpo (piernas, cabeza, brazos, etc.).

Una de las más antiguas y famosas fotos de este tipo de aparición muestra las caras de James Courtney y Michael Meehan, dos marineros del S.S. *Watertown*, quienes murieron en 1924, cuando fueron vencidos por las llamas en un buque de carga. Courtney y Meehan fueron lanzados al mar. Poco después, muchos de los miembros de la tripulación afirmaron ver sus caras en el agua junto al barco. El capitán Keith Tracy tomó una serie de seis fotografías donde los marineros señalaron haber visto las apariciones. La foto en estas páginas es la única que muestra las apariciones de Courtney y Meehan. Éstos fueron positivamente identificados por amigos y

Keith Tracy, capitán del S.S. *Watertown*, tomó esta foto de una serie de seis, donde los miembros de la tripulación afirmaron haber visto las apariciones de los marineros Courtney y Meehan.

familiares. Las fotos han sido autenticadas en numerosas ocasiones. Hasta hoy, la fotografía de Tracy es una de las mejores evidencias que apoyan la teoría de que una aparición puede ser captada en película.

Otra fotografía antigua de un espíritu fue tomada por Edward Wyllie en 1887. El sujeto era un caballero de nombre J. R. Mercer. Aparentemente, las apariciones espirituales fueron de su primera esposa y su madre. Además de las caras, también aparecieron un mensaje escrito a mano y un ramo de flores. Esta particular fotografía fue analizada y se encontró evidencia de que había sido retocada, especialmente alrededor de las áreas de las "apariciones".

La fotografía de Wyllie, de 1887, fue analizada y se descubrió que había sido retocada, especialmente alrededor de las áreas de las "apariciones".

Una de las imágenes de este tipo más dramáticas que he visto, me la obsequió un disc jockey que trabajaba para una estación de radio que me entrevistó sobre el tema de espíritus fantasmas. La fotografía mostraba a un hombre parado en un cementerio, mirando hacia una tumba. La parte superior de cuerpo (una gorra de béisbol, una camisa de franela y los brazos) eran fácilmente observados. Sin embargo, no había nada de los muslos para abajo. Examinando la foto con más detalle, se descubrió que el hombre que aparecía en ella era realmente alguien que había muerto hace poco en un accidente, y estaba parado frente a la tumba de su padre, fallecido muchos años antes.

Determinar la autenticidad de una fotografía de fantasmas

En los años que he estado involucrado en la investigación de actividades paranormales, he visto casi mil fotografías de estos fenómenos. La mayoría han sido de personas que simplemente han tenido preguntas sobre la aparición en la foto. Otras han pertenecido a investigadores novatos que han pedido mi opinión sobre una foto en particular. Algunos han tratado de probar mis conclusiones sobre si la foto representa algo paranormal, aún cuando ellos saben lo contrario.

Fotografías falsas

Como con cualquier evidencia física asociada con lo paranormal, es muy importante determinar su autenticidad. Si usted recibe una fotografía de testigos oculares o una tercera persona, investíguela en detalle. Con los avances en la tecnología de computadores, es muy fácil manipular una fotografía creando una imagen falsa de la realidad. Programas de diseño y dibujo, tales como Photoshop de Microsoft y Adobe Illustrator, son herramientas muy poderosas utilizadas en la manipulación de imagenes, incluyendo la creación de falsos fantasmas. Esta práctica ha engañando a muchos investigadores y profesionales en años recientes.

Si recibe una fotografía de un supuesto espíritu o fantasma, observe el tipo de papel en que está impresa. Revise si el papel proviene de un estudio fotográfico o un computador personal. Muestre la foto a otras personas, solicitando su opinión. Si pertenece a un centro de investigación paranormal, comparta la fotografía en grupo (asegúrese de obtener los derechos de exposición otorgados por el fotógrafo original) y reciba opiniones al respecto. Examine el negativo si duda de su autenticidad.

La imagen digital es el tipo de fotografía más fácil de alterar o falsificar. La fotografía convencional es más difícil de manipular, pero si alguien es experto en este campo, puede "crear" una fotografía convincente. Las imágenes registradas en cámaras automáticas, o Polaroid, son las más difíciles de falsificar, y los registros paranormales aparecen muy fácilmente en este tipo de cámara.

Trampas

A finales del siglo XIX y comienzos del siglo XX, era común que los fotógrafos afirmaran que podían fotografiar los espíritus de seres queridos. Debido a que la fotografía aún era una novedad para la gran mayoría, resultaba ser un negocio muy popular y lucrativo. La mayoría de fotos eran retocadas, se realizaban dobles exposiciones, o se transformaban durante la impresión.

Actualmente, la fotografía es mucho más avanzada, y hay una mayor dificultad para determinar si una foto ha sido manipulada. Entre las formas más comunes de falsificar una foto se encuentran la alteración del tiempo de exposición y la adición de imágenes a la foto original.

Si el lente de la cámara es programado para que permanezca abierto por un período prolongado de tiempo, las partes estacionarias de la fotografía permanecerán claras, mientras los objetos en movimiento aparecerán transparentes o borrosos. A menudo, el "espíritu" transparente puede ser creado de esta manera. Además, algunas luces fantasmales pueden crearse de la misma forma con una linterna u otra fuente de luz. Cuando examine una fotografía, véala en su totalidad para determinar si otros objetos que pueden moverse. Si es al aire libre, busque la forma borrosa de vehículos u otras cosas móviles. A menudo con una trampa de esta naturaleza, quienes realizan el fraude no suelen tener en cuenta imágenes del fondo.

Adicionar imágenes u objetos a la fotografía es otra forma en que los fotógrafos pueden plasmar un fantasma o espíritu en la película. Primero, algo puede ser agregado a un objetivo que puede ser puesto directamente en la cámara. Un pequeño recorte de una persona parada, adicionado al objetivo mismo, creará una sombra que efectivamente puede ser muy realista. Segundo, tomar la foto de alguien "vestido" como un espíritu, es otra forma de falsificar una fotografía. Tercero, alguien con intensiones diferentes, puede adicionar imágenes tomadas de otras fotos, revistas o cualquier medio visual. Esto puede ser hecho mientras la película es desarrollada, si el individuo mismo la procesa. Además, una fotografía de la fotografía, con las imágenes simplemente pegadas sobre ella, es otra forma de hacerlo. Con el advenimiento de las imágenes digitales, cualquiera puede usar un software para editar fotos y originar fotografías muy realistas. Cuando haga investigaciones, tenga en cuenta lo anterior.

Adelantos en la fotografía paranormal

A comienzos del siglo XX, era común fotografiar sesiones de espiritismo y otros intentos de contactar los muertos. Desde que esas primeras fotografías paranormales fueron tomadas, ha habido muchos adelantos en los procesos fotográficos. Las primeras cámaras eran muy grandes y voluminosas, montadas en un trípode, y requerían que el fotógrafo estuviera debajo de una gran tela negra mientras enfocaba el área que sería fotografiada. El primer adelanto importante fue la fabricación de cámaras más pequeñas y fáciles de transportar. Una vez que la cámara se hizo más pequeña y móvil, la fotografía tomó una nueva dirección. Sin embargo, incluso con el problema de movilización resuelto, las fotos no mejoraron su calidad, y aún se requería de mucho tiempo para procesarlas.

Tal vez el paso más grande en la obtención de una imagen paranormal en la película, fue la introducción de la cámara Polaroid en los años sesenta. Esta cámara era una maravillosa pieza de tecnología que permitió tomar fotos de prácticamente todo y ver los resultados en cuestión de minutos. Sin embargo, la Polaroid tenía un efecto secundario muy interesante. Era, y aún es, uno de los mejores tipos de cámara para usar cuando se intenta capturar en película a una entidad. No se sabe por qué los fantasmas y espíritus pueden ser fotografiados con facilidad usando la Polaroid, pero basta decir que es una herramienta muy importante cuando se investiga una actividad paranormal.

Ahora, con la explosión de la tecnología en la sociedad, otros tipos de equipo fotográfico han hecho progresar el campo de la fotografía paranormal. Un nuevo adelanto en fotografía es la accesibilidad de la película infrarroja para cámaras de 35 mm. Este tipo de película ha captado tantas presencias paranormales como la cámara Polaroid. La película infrarroja es usada para registrar las emisiones de calor y las alteraciones de temperatura de un área en lugar de una imagen visual real. Ya que la mayoría de áreas con actividad paranormal tienen una clara diferencia de temperatura, la cámara infrarroja puede captar una marcada diferencia en un área. Otro gran avance en el campo es la introducción de la cámara digital. Esta es usada para tomar fotos que pueden ser directamente registradas en un computador personal. El uso de la película se ha abolido.

Cuatro

Fenómeno de la voz electrónica

El fenómeno de la voz electrónica (FVE) es un aspecto de investigación paranormal que definitivamente no debe ser pasado por alto. Involucra el registro real de voces y sonidos captados en un área con actividad paranormal. Si se hace correctamente, puede ser fascinante y darle información crítica concerniente a los fenómenos ocurridos en el lugar.

Los inicios del fenómeno de la voz electrónica

Esta práctica tuvo su origen en las sesiones de espiritismo a finales del siglo XIX y a los comienzos del siglo XX. Durante las sesiones que eran populares en la época victoriana, el médium usaba embudos, cuernos y otros elementos para intentar producir una voz proveniente del mundo espiritual. Durante la sesión, el médium pedía al espíritu que indicara su presencia a través de un sonido de una trompeta o cuerno, seguido luego por un tambor, y finalmente haciendo que su voz fuera oída por todos en la habitación. Las voces comenzaban como un susurro, y gradualmente se hacían más fuertes con la orden del médium. Las voces a menudo aseguraban a los acongojados presentes que los espíritus estaban bien y felices. Los espíritus contactados también deseaban comunicar a los participantes que ellos estaban protegidos y mantenían una cercana atención. Este consuelo era suficiente para apaciguar a quienes asistían a la sesión, excepto a los más incrédulos.

Personas resueltas a desenmascarar fraudes, investigaban las sesiones y a menudo encontraban que el médium tenía un ayudante bien escondido en algún lugar dentro de la habitación. Los embudos y trompetas eran sujetados con cuerdas que los hacían flotar a plena vista de los participantes de la sesión. Los mensajes de los "difuntos" eran muy ambiguos, a fin de abarcar la mayor cantidad de gente posible.

Aquellos interesados en lo esotérico y la comunicación con espíritus, buscaban alternativas para lograr contactar el mundo espiritual sin la necesidad de asistir a una sesión de espiritismo. En la década de los veinte, Thomas Edison intentó construir un comunicador de espíritus para hablar con lo que había sido llamado "vivientes incapacitados". Aunque fueron creados algunos prototipos, todos los intentos fracasaron. Poco después, Edison falleció. Según el médium Sigram Seuterman, Edison hizo contacto en 1967, con la intención de que se continuara el trabajo con el comunicador de espíritus que comenzó cuando estaba vivo. Se oyó poco de Seuterman después que varias personas de todo el mundo sugirieran la construcción del comunicador de Edison.

Poco antes de morir, Nikola Tesla también se interesó en la comunicación con espíritus. Este inventor construyó un mecanismo de comunicaciones y afirmó haber tenido cierto éxito hablando con el mundo espiritual. Sin embargo, antes de hacer público sus descubrimientos, el gran inventor murió.

Al igual que las primeras fotografías paranormales, los primeros registros de voces del más allá no ocurrieron intencionalmente. El primer caso documentado de un FVE se presentó en 1959, con un hombre que intentaba grabar cantos de aves en el campo en Suecia. Fredrich Jurgenson tenía muy poco interés en grabar voces de espíritus; sólo quería registrar los sonidos de aves en su hábitat natural. Al escuchar los resultados, se asombró de haber grabado el sonido de un hombre que hablaba en noruego acerca de los cantos de las aves nocturnas. Jurgenson revisó otras grabaciones y, aunque no escuchó nada cuando las registró, al reproducirlas se dio cuenta que había captado otras voces. Él afirmó que éstas sonaban diferentes a las voces humanas normales. La velocidad en que se emitían era mucho mayor que una usual conversación.

Debido a la tecnología de ese tiempo, una persona sin el equipo adecuado no podía grabar una voz a una mayor velocidad y sobreponerla en otra grabación. Esto lo fascinó por completo, y en poco tiempo había obtenido un gran número de grabaciones de estas voces.

Cinco años después, en 1964, Jurgenson publicó *Voices from the Universe*. Esto atrajo mucho la atención, y de inmediato despertó el interés de Konstantin Raudive, un psicólogo latvio que investigaba los fenómenos paranormales. Los dos se conocieron en 1965, y Raudive empezó a hacer sus propias grabaciones de voces. Durante los siguientes veinte años, Raudive afirmó haber grabado más de 100.000 voces de personas de todas las nacionalidades y condiciones de vida. Sus descubrimientos fueron publicados en 1971 en el libro *Breakthrough*. Debido a sus contribuciones en la investigación paranormal, el fenómeno de la voz electrónica a veces es llamado "voces Raudive".

Cuando la calidad de los sistemas de grabación mejoró, la variedad de grabaciones FVE también aumentó. Quienes experimentaban no sólo podían oír sonidos que oscilaban entre unos pocos susurros que apenas eran audibles, o voces muy fuertes y claras, también se registraban voces metálicas. Muchos expertos analizaron estas muestras de la nueva generación de FVE, obteniendo resultados variados.

Algunos creían que las voces eran creadas usando sintetizadores y computadores para alterar la voz de una persona viva. De hecho, muchas de las voces metálicas suenan como si fueran fabricadas con un computador en lugar de ser grabadas directamente de un área con actividad paranormal. Otros expertos creían que las voces metálicas eran espíritus que utilizaban el aparato de grabación como un amplificador. Quienes han perdido seres queridos, y oído las voces metálicas, afirman que con la excepción del tono metálico, la voz es casi idéntica a la del difunto.

Mi primera experiencia con el FVE

Cuando empecé a investigar eventos paranormales, mi interés era abierto a las numerosas cosas que las personas afirmaban haber experimentado, pero tenía muchas dudas sobre la existencia de la grabación auténtica de voces de ultratumba. Creía que la mayoría de grabaciones que había oído en el pasado eran registros no intencionales de conversaciones captadas por casualidad, o completos fraudes. No estoy seguro de por qué no podía entender el FVE, cuando comprendía y aceptaba la fotografía de espíritus, las sesiones de espiritismo y los eventos paranormales en general. Supongo que podía creer sólo hasta cierto punto, y tenía que abrir más mi mente.

En una caliente semana de verano en julio de 1990, me pidieron que participara en una investigación con un amigo que se había enterado de la existencia de un área con fuerte actividad paranormal. Después de largas discusiones, de mala gana acepté llevar una grabadora al sitio de la investigación. Estábamos examinando una granja antigua y abandonada, ubicada a unas diez millas a las afueras de Ripley. Al menos cinco personas habían visto a una niña con un largo camisón deambulando alrededor de la granja en las últimas semanas. Habíamos revisado la historia del lugar y encontrado que existió una niña llamada Rebecca, quien falleció de una larga enfermedad en la casa a finales de la década de 1880.

Después de tomar fotografías con una Polaroid Instamatic y no encontrar nada en la película, finalmente estuve de acuerdo en utilizar la grabadora en el área que considerábamos el "punto frío". Como ya se mencionó, el punto frío generalmente está en un lugar que tiene la mayor actividad paranormal. Utilizamos una grabadora y un nuevo cassette de noventa minutos de duración. Después de encender la grabadora y asegurarnos de su perfecto funcionamiento, salimos de la casa para ir a almorzar a un sitio cercano.

Cuando pensamos que había pasado suficiente tiempo, regresamos a la casa para recoger la grabadora y volver a casa. El Sol veraniego nos golpeaba y estábamos cansados. Empacamos nuestro equipo y empezamos a conducir de regreso al lugar. Mi amigo puso el cassette en un Walkman y comenzó a escucharlo mientras yo conducía.

Unos veinte minutos después, él gritó y me dijo que parara al lado de la carretera. Cuando me detuve, él me paso la grabación para que la escuchara. Lo que oí me sorprendió. Era el sonido débil de una tos y una niña preguntando por su "mamá". Miré a mi amigo con incredulidad. Estaba seguro de que el cassette no había sido manipulado y era el mismo que habíamos dejado, pues tenía mi letra sobre él. En realidad habíamos grabado la voz de una niña que había muerto hacía más de cien años. Desde ese día, siempre he usado una grabadora en mis investigaciones.

Investigar efectivamente un FVE

Lo primero que se debe hacer cuando se examina un FVE es determinar si la fuente de la voz proviene de un registro fantasmal o de un espíritu. En una actividad que involucre fantasmas, las voces son impresiones dejadas por el individuo. Con muy pocas excepciones, no hay una verdadera intención de comunicarse con los vivos. Es como si un investigador estuviera escuchando una conversación a escondidas que ha ocurrido en algún momento en el pasado. La voz no está dirigida a alguien en particular, y ese es el caso de un registro fantasmal.

En cuanto a los espíritus, el fenómeno puede ser un poco diferente. Tal vez el espíritu está intentando comunicarse con los vivos. La información parece dirigirse hacia alguien en la habitación. Podría ser tan simple como un mensaje a un ser querido, o tan compleja como una serie de instrucciones que deben ser seguidas.

Aunque captar un FVE durante una investigación puede parecer muy complicado, es en realidad un procedimiento muy simple. Todo lo que se necesita son algunos cassettes en blanco de alta calidad, una grabadora (preferiblemente con función de playback a alta velocidad), un micrófono, baterías nuevas o una fuente de energía confiable, y mucha paciencia. Cuando se desarrolla una investigación, hay mucho trabajo que realizar antes de iniciar las grabaciones.

Determine la habitación con la más alta frecuencia de actividad paranormal. Si es difícil de establecer, trate de encontrar la que se sienta más fría.

Especifique la hora del día en que la actividad paranormal ocurre con más frecuencia. Puede hacerlo por medio de entrevistas a testigos oculares. Si es imposible establecerlo, trate de encontrar el tiempo en que haya la menor probabilidad de factores externos que alteren el proceso.

Algunos investigadores prefieren una fuente de ruido blanco de fondo para hacer resaltar las voces. El ruido blanco es un sonido constante tal como un grifo goteando, una señal de radio estática, o un ventilador. Aunque he grabado el FVE de esta forma, prefiero *no* usar ningún tipo de ruido. He encontrado que no hay diferencia en la frecuencia de registros en los dos casos. Sin embargo, experimente usando ambas técnicas y escoja la que considere más apropiada para usted.

Cuando determine el lugar, coloque la grabadora en un lugar donde pueda ser vista con facilidad. Si considera que la grabación no será interrumpida o manipulada, puede investigar otras partes del área mientras la grabación se lleva a cabo. Cassettes con duración mayor a 90 minutos no son recomendables. La cinta podría romperse o enredarse. Según mi experiencia los cassettes cromados de 60 minutos son los mejores porque registran la mayoría de FVEs.

Al terminar, escuche la grabación utilizando auriculares para minimizar el ruido externo. Cierre los ojos y concéntrese al hacerlo.

El FVE puede ser débil, y será necesario esforzarse para oírlo. El sonido puede parecer como un susurro. A veces la voz será registrada en diferente velocidad y puede sonar más lenta o rápida que lo normal.

Escuche la voz cuantas veces sea necesario. Por lo general será una pequeña parte de la conversación que ha ocurrido muchos años antes, pero en ocasiones un mensaje estará dirigido a alguien vivo. Permita que las otras personas en el grupo escuchen y pídales su opinión. Una vez que haya llegado a una conclusión registre la fecha, la hora, las personas presentes y toda la información y notas necesarias sobre la voz.

Sea paciente cuando escuche el cassette. Quizás desea adelantarlo unos segundos, pero es importante escuchar cada minuto de la cinta. Muchos investigadores omiten escuchar todo el cassette. La segunda vez que registré un FVE, no escuché el resto de la cinta, y casi ignoro otros dos registros.

Cinço

HERRAMIENTAS PARA LA INVESTIGACIÓN

SE RECOMIENDA TENER una variedad de herramientas (y personas) a su disposición. He descubierto que mis métodos de investigación tienden a inclinarse a lo científico. Aunque de vez en cuando he tenido en cuenta las impresiones psíquicas, prefiero tener datos detallados. La fotografía de un fantasma no puede ser ignorada, una vez que se han eliminado las otras posibles causas para la aparición de la imagen. Un psíquico también puede tomar notas detalladas, pero es importante tener más de una fuente para documentar la experiencia. Como investigador científico de estos fenómenos paranormales, he encontrado que tener a la mano algunas herramientas es de gran utilidad.

No es esencial tener a su alcance el equipo más costoso de alta tecnología que los parapsicólogos profesionales pueden usar; pero si es posible hacer un buen trabajo con un equipo básico y asequible.

Los siguientes son algunos de las herramientas que han sido más útiles para mí a través de los años.

Cámaras fotográficas

Esta es una de las mejores herramientas que debe tener en su inventario. Hay tres tipos básicos de cámaras a considerar en estos casos. Cada una tiene sus beneficios y desventajas: las cámaras instantáneas Polaroid, las de 35 mm. y las digitales.

Cámaras instantáneas Polaroid.

Las cámaras instantáneas, especialmente la Polaroid SX-70 One-Step, son las mejores para este tipo de fotografía. Tienen dos beneficios importantes. Primero, la foto es desarrollada al minuto de haberla tomado. Segundo, un negativo borroso puede ser considerado defectuoso. En este caso, muchos centros fotográficos podrían tratar de corregirlo o no desarrollar la impresión. También las fotografías y negativos con imágenes veladas podrían ser descartadas. Debido a que este es el tipo de imagen resultante cuando se intenta tomar una fotografía de un fenómeno paranormal, el problema se presentaría cuando por accidente sea destruida su evidencia.

Al tomar la foto, la cámara debe ser apuntada hacia el "área fría", o donde la aparición es vista con mayor frecuencia.

El costo de esta clase de cámaras oscila entre US$40 y US$50, dependiendo del país, modelo y lugar de compra. La película para la cámara Polaroid es mucho más costosa que la requerida para la cámara de 35 mm., y sus precios varían.

Cámaras de 35 mm.

Estas cámaras son muy fáciles de encontrar y usar. Muchos almacenes ofrecen una amplia variedad. Dependiendo de su presupuesto y gusto, puede optar por una unidad básica o comprar una más avanzada. Si emplea una cámara de 35 mm, use una película de alta velocidad. Recomiendo una velocidad de 1.600 ó 3.200. Además, si es posible, amplíe la abertura de su cámara, como lo haría para fotografías nocturnas. El objetivo dejará entrar más luz y aumentará la probabilidad de captar imágenes poco visibles. En cuanto a la velocidad del obturador, utilice la mayor posible. En la mayoría de cámaras de 35 mm., se puede lograr hasta 1/500 de segundo.

Si usted sabe de fotografía, puede tomar fotos con película en blanco y negro y desarrollar por sí mismo los negativos. Si la película es procesada en un sitio especializado, puede sugerir no hacer ningún tipo de ajustes o dejar los negativos intactos, a pesar de los "defectos" que puedan tener. Las siguientes son mis recomendaciones:

Película de alta velocidad: 1600 ó 3200
Abertura del objetivo: la mayor posible
Velocidad del obturador: la mayor posible para su cámara

Los precios varían según el país donde viva. En Estados Unidos puede oscilar entre US$15 y US$30 por una cámara sencilla. El hecho de invertir más dinero, no significa que obtendrá mejores fotografías. He visto fotos muy buenas tomadas con cámaras sencillas. La película para la cámara de 35 mm. es más barata y fácil de adquirir en todas partes. Recuerde en este caso que para obtener mejores fotografías, debe usar películas de una mayor velocidad.

Cámaras digitales

Estas cámaras se están convirtiendo en las preferidas por los investigadores de fenómenos paranormales. Puede comprar cámaras digitales rudimentarias de bajo precio, pero no tiene la función de la imagen anticipada y la resolución no es muy clara. Algunas personas son muy hábiles en el diseño gráfico, y pueden con facilidad alterar las imágenes digitales. La cámara digital deberá ser compatible con su sistema de su computador.

Dependiendo de su grado de sofisticación, el costo oscilará entre US$70 y más de US$1.000. Una vez más, tenga en cuenta el país y sitio de compra. No recomiendo comprar las cámaras menos costosas, pues la resolución y calidad generalmente dejan mucho que desear. Observe la resolución de la cámara; una buena regla general es que a mayor resolución, mejor será la calidad de la imagen final.

Grabadora

Esta es otra herramienta muy importante. Debe tener un micrófono sensible para captar sonidos débiles a la distancia. También puede utilizar micrófonos externos fáciles de conseguir en el mercado.

Es beneficioso, pero no necesario, usar un aparato que se active con la voz, y con la capacidad de conteo numérico de los pies de cinta para una fácil identificación. Una grabadora de microcassette (del tipo usado para tomar notas personales) es recomendable. Esta grabadora es compacta, pero puede captar sonidos muy sutiles. Siempre lleve consigo nuevos cassettes y baterías disponibles.

Las grabadoras pueden registrar voces y sonidos incorpóreos. La forma más efectiva de utilizarla para este propósito, es ubicarla cerca a donde se originan la mayoría de manifestaciones. (Nota: el equipo electrónico tiende a funcionar mal cuando atraviesa un punto frío).

La grabadora también puede ser usada para registrar relatos de testigos oculares. A veces, al tomar notas escritas, podría omitir detalles que pueden ser importantes después. Una grabación le permitirá examinar el relato de la persona y compararlo con los de otros testigos.

Por su amplia popularidad, no son muy costosas, y el equipo extra, cassettes y baterías, también son fáciles de conseguir a bajo costo.

Detectores electromagnéticos o radiación de microondas

Estas herramientas no son tan costosas como parece y las puede encontrar en muchos almacenes de venta de artículos electrodomésticos. El uso normal para la unidad es detectar escapes de radiación de los hornos microondas. Hoy en día, el más común de estos detectores es llamado "Detecto Card", fabricado por Enzonc Corporation. Es un instrumento del tamaño de una tarjeta de crédito con una banda sensible a la radiación en un lado. Para usarlo, siga las instrucciones que están al respaldo de la tarjeta.

Ya que la unidad detecta un cambio en la cantidad de radiación en un área, deberá mostrar una evidente diferencia cuando encuentre un campo energético anormal (puntos fríos, luz eléctrica, mal funcionamiento de aparatos, etc.). A veces, un campo energético no está asociado con espíritus, pero con frecuencia encontrará una mayor actividad paranormal alrededor de lugares con altas concentraciones de energía, tales como las líneas de ley o líneas de fuerza.

Los detectores electromagnéticos son muy similares a los detectores de radiación, pero se concentran en energía electromagnética en lugar de radiación de microondas. Los campos electromagnéticos emanan de casi todo lo eléctrico: televisores, computadores, filmadoras, personas (auras), e incluso espíritus y fantasmas.

Enzone Corporation fabrica una unidad útil a un costo aproximado de US$30. Ésta detecta hasta una ligera perturbación en los campos electromagnéticos del área. Una advertencia: el propósito original del mecanismo es detectar campos electromagnéticos de aparatos tales como electrodomésticos, computadores, etc. Cuando esté haciendo una investigación, trate de no confundir las lecturas de uno de estos objetos normales con señales de actividad espiritual o fantasmal.

El precio de las tarjetas detectoras, "Detecto Cards", varía entre US$4 y US$6. El costo total para detectores electromagnéticos de campo es cerca de US$30.

Papel y lápiz

Estos son utensilios invaluables para quien desarrolle cualquier tipo de investigación. Sobra decir que pueden ser utilizados para esbozar mapas del área que se está investigando, tomar notas, o registrar observaciones y datos. La escritura manual podría ser la forma en que un espíritu intenta comunicarse con usted. Su costo es mínimo comparado con el beneficio prestado.

Brújula

Una brújula es de gran utilidad en estas investigaciones. Primero, le dará una orientación del entorno. Es útil cuando oriente un mapa del área, porque mantiene las cosas en perspectiva y reduce la probabilidad de perderse.

Segundo, también puede ser utilizada como "detector de espíritus". Así como los espíritus pueden causar problemas eléctricos en su entorno, también pueden hacer estragos con las fuentes magnéticas, tales como su brújula. La aguja puede apuntar en todas direcciones o no funcionar. También puede apuntar hacia el espíritu, aunque esto no es muy común. Su costo puede estar entre US$5 y US$10.

Reloj o cronómetro

El uso de un reloj es obvio. Puede ser utilizado para registrar el tiempo en su libreta o diario, la duración de un fenómeno en particular o grabación en cinta. No necesita un tipo especial, cualquier reloj de pulsera servirá. En la actualidad muchos relojes digitales tiene la función de cronómetro. Éste puede darle un tiempo mucho más preciso que al usar sólo el segundero de los modelos analógicos.

Su costo varía según sus características.

Computador portátil

En este mundo de tecnología avanzada, tener acceso a un computador es más fácil y menos costoso de lo que uno pensaría. El computador portátil es una de las herramientas más beneficiosas cuando se conduce una investigación.

Estos computadores vienen en diversos tamaños, capacidades y precios. Sus características varían. Con el constante adelanto en la industria de los computadores, los sistemas que estaban a la cabeza hace sólo uno o dos años, siguen siendo de alto nivel, lo cual hace fácil encontrar un buen computador portátil. Sin embargo, siendo ese el caso, hay algunas características básicas que el computador debe tener para sus propósitos. Un sistema debería tener al menos las siguientes especificaciones:

Windows 95, o superior
133 MHz, o mejor
64 MB of RAM, o mejor
Floppy drive de 1.44
12 x CD-ROM, o mejor
Disco duro de 2 gigabytes, o mejor
Módem de 56 K

Hoy día, prácticamente todos los programas están en CD-ROM, y algunos de los más antiguos procesadores de palabras y sistemas de base de datos están en desuso y no pueden ser leídos por sistemas nuevos. Esto podría ser un problema cuando trate de trasladar información del computador portátil a uno de escritorio.

Los computadores portátiles más costosos no necesariamente son los mejores, en especial si está trabajando en algún lugar por largos períodos de tiempo. Este tipo de sistema le permite almacenar información y mantenerse en contacto con otros miembros de su grupo vía correo electrónico. Los sistemas usados o restaurados también se pueden tener en consideración.

La capacidad de almacenamiento (gigabytes) debe tenerse en cuenta debido a que muchos de los programas que utilizará (Microsoft Word, Excel, etc.) pueden ocupar una gran cantidad de espacio en el disco duro. Si utiliza una cámara digital, necesitará más espacio para almacenar fotografías.

Un módem de 56 K también es una característica muy recomendada en cualquier computador portátil que usted vaya a comprar. En muchos casos, la investigación puede alejarlo de su base por un período de tiempo prolongado. Con el módem, puede conectarse a cualquier conjuntor telefónico y enviar imágenes, archivos y correos electrónicos a otros miembros de su grupo.

Al principio, cuando iniciaba mis investigaciones por primera vez, iba a la biblioteca y otros lugares para buscar información, y terminaba copiando todo a mano. Cuando llegaba a casa, pasaba a mi computador todas las notas que había escrito, lo cual me tomaba casi el mismo tiempo gastado inicialmente. Con un computador portátil, puede escribir y organizar directamente la información.

Es recomendable también mantener copias de los archivos creados con la información de cada investigación.

La compatibilidad de su computador portátil con el resto de su equipo, o con los de otros miembros de su grupo, debe ser tenida en cuenta.

Harina

Aunque puede parecer una herramienta inusual, es una parte importante de su equipo de investigación. Dependiendo de la naturaleza de su estudio, tal vez deba prevenir que invadan el área que está examinando, y la harina es un elemento barato que se puede usar. Aísle su equipo de investigación para evitar el acercamiento de intrusos colocando harina a su alrededor. Si alguien toca el equipo, muy probablemente lo notará al examinar la harina.

También puede ser usada para determinar si está ocurriendo un evento paranormal. Si está seguro de que el lugar está aislado de personas, puede regar harina en la parte que tiene la mayor frecuencia de eventos paranormales. Esté atento a esta área, ya que el espíritu puede dejar impresiones en la harina. Úsela sólo si está seguro de que no habrá alteraciones físicas involucradas. Si decide usar harina, asegúrese de limpiar el área por completo al terminar.

Hilo

Éste también es un artículo barato que puede ser usado para determinar si su equipo ha sido alterado. Utilice este material para aislar su equipo de grabación o video. Si por algún motivo el hilo es movido por alguien en su intento de manipular el equipo, la acción podrá ser comprobada.

Si su equipo ha sido alterado . . .

Informe de inmediato al resto del grupo de sus sospechas. Sea discreto. Si concluye que su equipo ha sido manipulado a propósito, es el momento de terminar su investigación. Explique lo sucedido a las personas interesadas, pero tenga en cuenta que no todas ellas pueden estar involucradas en lo sucedido. Sea consciente de que las diferentes reacciones. En cualquier caso, sea profesional y abandone el lugar lo más pronto posible. Archive la información acumulada para futuras referencias.

Puede haber otros instrumentos para su investigación que no se mencionan aquí. No se limite a estos pocos elementos. Otras cosas que puede adquirir a lo largo de sus expediciones podrían incluir una linterna, un botiquín y un teléfono celular. ¡Buena suerte en sus primeras investigaciones de fenómenos paranormales!

Seis

GRUPOS DE
INVESTIGACIÓN

LAS INVESTIGACIONES DE fenómenos paranormales se han convertido en una actividad popular en muchos lugares en todo Estados Unidos y en Europa. Por tal razón, es común
encontrar organizaciones dedicadas a dicha
actividad, especialmente en y alrededor de
ciudades de importancia histórica.

Cómo encontrar
un grupo existente

Para contactar un grupo o entidad dedicada
a este tipo de investigaciones, tal vez sólo
tenga que llamar a la biblioteca local o
acudir al Internet. Algunos sitios aparecen
listados en el apéndice B. Las congregaciones

religiosas locales pueden ser otra buena fuente de información. Muchas librerías, colegios y universidades también tienen grupos de investigación paranormales, o incluso clases de
parapsicología.

No hay dos organizaciones iguales al investigar una actividad paranormal. Un grupo de investigación puede permanecer fiel al método científico, tomando en consideración sólo
evidencia tangible y medible. Otro grupo puede ser de naturaleza más metafísica, confiando en su intuición, los dones
psíquicos y formas de adivinación para investigar una casa o
actividad paranormal.

He descubierto que es beneficioso involucrarse en un
grupo que combine lo científico y lo metafísico. Un grupo
de investigación de naturaleza completamente científica
puede ignorar muchas pistas sutiles e importantes, tales
como impresiones y sentimientos. Una sensación de dolor o
pavor, u otra impresión psíquica dejada en una determinada
habitación, no puede ser medida con instrumentos científicos, pero sí captada por la percepción extrasensorial. Sin
embargo, si el grupo se basa únicamente en lo metafísico,
corre el riesgo de transformar la intuición en imaginación.
Los fenómenos naturales, tales como chirridos y corrientes
de aire, pueden ser interpretados como información captada "psíquicamente" de un espíritu o fantasma. Con una
combinación de los dos enfoques de investigación —científico y metafísico—, las lecturas y la intuición tienden a vali-
darse entre sí, y pueden marcar una diferencia al determinar
si está ocurriendo un verdadero evento paranormal.

La creación de grupos

Aquellos que deseen hacer parte de un grupo de investigación paranormal pueden ser encontrados en todas las profesiones y condiciones de vida. Lo sobrenatural se ha convertido en un tema de conversación muy popular. Cada año, más y más personas desarrollan un fuerte interés por aprender sobre este fenómeno, y también experimentan eventos de esta categoría.

Es importante determinar qué tipo de reuniones va a llevar a cabo para así mismo establecer qué clase de miembros necesita. Tenga en cuenta si va a investigar casos clásicos de parapsicología; o de discusión abierta donde todos los miembros tienen la oportunidad de ofrecer sus opiniones y relatos personales; o es un grupo experimental en el que se conducirán experimentos, sugerencias o técnicas para hacer una cacería de fantasmas efectiva. Incluso puede hacer su propio grupo abierto, con una variedad de temas y estilos a seguir en las reuniones. Como ve, son prácticamente ilimitados los grupos de investigación paranormal que puede formar.

Una vez determinado lo anterior, fije la hora y el lugar de reunión. Las reuniones temprano en las noches o en tardes los fines de semana, con una duración entre sesenta y noventa minutos, son recomendables. Reuniones largas tienden a aburrir a sus miembros. Encuentros más cortos y frecuentes pueden ser más productivos.

Haga conocer su grupo. Utilice los medios masivos de comunicación para llamar la atención. Las lavanderías, colegios, bares, bibliotecas y librerías son muy buenos lugares. Además, puede acudir a periódicos locales y estaciones de radio.

Como en la formación de cualquier otro grupo, es importante tener en cuenta los talentos de cada miembro con el propósito de establecer funciones y tareas individuales. Cada persona puede contribuir de acuerdo a su experiencia para hacer del grupo una entidad con posibilidades de sobresalir.

Debe haber un sentido de orden y profesionalismo en su grupo sin importar el tamaño del mismo. Las reuniones deberán tener un horario establecido y seguir un programa predeterminado, incluso si ello significa simplemente tener una discusión filosófica abierta. Sin un formato básico, con el tiempo su grupo dejará de funcionar apropiadamente, los miembros perderán interés y al final se desintegrará.

Robert's Rules of Order es un libro maravilloso que lo ayudará en la formación de su grupo. Aunque parte del material en el libro no se aplicará a su grupo, le dará ideas para armonizar los trabajos en él.

Tenga en cuenta que formar un grupo de investigación paranormal efectivo puede ser una tarea muy minuciosa que consumirá tiempo. Si tiene poca experiencia en formar o dirigir un grupo, sería buena idea que asistiera a reuniones de otras organizaciones para observar cómo son desarrolladas. En nuestro caso, sea siempre receptivo, observador, y esté dispuesto a comunicarse con la gente cuando dirija reuniones. El esfuerzo extra que ponga será notado y apreciado.

Apéndice A
Formularios y cuestionarios

UNA BUENA INVESTIGACIÓN requiere tener acceso a la información en forma organizada y rápida. A través de los años, he desarrollado una serie de formularios que me han ayudado a mantener ordenadas mis notas. Cada uno es usado en una parte específica de la investigación.

Formulario uno: es un permiso firmado por el investigador y el propietario/residente del área en cuestión. Está diseñado para proteger a ambas partes en caso de un accidente. Aquí el propietario/residente permite al grupo de investigación paranormal, listados en el permiso, estudiar el área. Los investigadores deben explicar el procedimiento usado al examinar un área con actividad paranormal. Responda las preguntas que el dueño/residente pueda tener. Este formulario también protege al propietario/residente de daños causados a la propiedad como resultado de la investigación.

Formulario dos: es usado para entrevistar los testigos oculares de un evento paranormal. Las preguntas son escritas en orden para asegurarse de que nada es ignorado durante la entrevista. Se menciona la historia del lugar, las personas que están experimentando actividades paranormales, una descripción de los eventos y cualquier otra información esencial. La primera parte es compartida con los testigos oculares, y se deben responder las preguntas que surjan. La segunda sección es de carácter privado donde el investigador hace sus propias observaciones o impresiones de la reunión. Esto es valioso si otro investigador es encargado del caso por alguna razón.

Formulario tres: abarca las preguntas que deben ser respondidas al hacer investigaciones en la biblioteca u otras áreas. Estas son preguntas acerca del origen de la casa, los anteriores ocupantes y cualquier historia que pueda ser relevante para la investigación. También tiene una sección para escribir cosas peculiares que pueda encontrar en su investigación.

Formulario cuatro: es la lista de pasos a seguir por el investigador. Es un recordatorio de los elementos necesarios al investigar un área con actividad paranormal. Aquí se puede detallar el material, los miembros del equipo de investigación y la condición del lugar en cuestión. También tiene una sección específica para documentar eventos paranormales que los investigadores pueden encontrar.

Formulario cinco: es la descripción de eventos paranormales. Aquí se describe la condición del lugar, las impresiones que pueda tener de un área en particular, etc.

Formulario seis: incluye los resultados de las investigaciones. Es utilizado para hacer una conclusión sobre los testigos oculares, las condiciones físicas del lugar, la descripción de eventos paranormales que pueden haber ocurrido, y la opinión profesional de su grupo de acuerdo a lo que ha sido encontrado.

Estos formularios han sido diseñados a través de los años de investigación. Pueden ser fotocopiados o alterados de cualquier forma; son simplemente una base para suministrar ideas. Si decide hacer cambios, tenga en cuenta que de algún modo la información debe ser incluida.

Formulario uno: permiso para investigar

Yo, _____, por este medio doy permiso para el acceso a las propiedades ubicadas en las siguientes direcciones:

_____

_____

_____

con el propósito de desarrollar una investigación de posibles eventos paranormales. El investigador y sus acompañantes liberan al propietario de toda responsabilidad por las lesiones y/o daños que ocurran durante la investigación. El investigador _____
también asume la responsabilidad de los daños hechos a la propiedad durante la investigación.

Propietario _____ Fecha _____

Nombre legible _____

Investigador _____ Fecha _____

Nombre legible _____

Formulario dos: cuestionario para encuentros paranormales
—preguntas de la entrevista—

Fecha de la entrevista:_____

Nombre del investigador:_____

Información del lugar

Dirección donde se lleva a cabo la investigación:_____

Historia del lugar (fecha de construcción, anteriores ocupantes, batallas u otros enfrentamientos cerca al lugar, otros fenómenos paranormales, etc.):

_____

_____

_____

_____

Documentación de anteriores relatos paranormales (recortes de periódico, testimonio de ocupantes, etc.):

_____

_____

_____

_____

_____

Anexe a la hoja un dibujo o mapa del lugar, y marque las áreas que muestran actividad paranormal.

Información de los ocupantes

Número de ocupantes en la propiedad:_____

Nombre, género y fecha de nacimiento de los ocupantes (si son más, escríbalos al respaldo de la hoja):

1. _____
2. _____
3. _____
4. _____
5. _____

Información para contactar los ocupantes:

Teléfono: _____ Correo electrónico: _____

Dirección:

_____

_____

_____

¿Cuánto tiempo han vivido los ocupantes en la propiedad? _____

¿Algún ocupante ha experimentado algo de lo siguiente? Marque las casillas apropiadas.

❏ Voces (explique): _____

❏ Olores (explique): _____

❏ Sombras (explique): _____

❏ Luces

❏ Formas humosas

❏ Fuertes pensamientos fortuitos

❏ Áreas frías o calientes (explique): _____

❏ Muerte reciente de un ser querido (dé información): _____

❏ Reciente aniversario de la muerte, nacimiento, etc. de un ser querido

❏ Golpes y pasos

❏ Cambios en el ambiente, en especial en una habitación (explique):

❏ Conversaciones con espíritus (explique): _____

❏ Puerta(s) abriéndose/cerrándose

❏ Objetos que se mueven/desaparecen

❏ Fallas eléctricas (bombillas fundiéndose con frecuencia, etc.)

❏ Pubertad o estrés de adolescentes en el área

❏ Renovaciones en la propiedad (explique): _____

❏ Problemas con aparatos eléctricos:
      ❏ TV
      ❏ Radio/estéreo
      ❏ Computador
      ❏ Reloj/radio reloj
      ❏ Microondas
      ❏ Otro: _____

¿Hay relatos de fenómenos paranormales ocurridos a los anteriores ocupantes de la residencia? En tal caso, explique:

_____

_____

_____

_____

_____

¿Hay algún historial de fraude o trampa que involucre un ocupante o miembro de la familia? En tal caso, explique:

_____

_____

_____

Impresiones del investigador respecto a los ocupantes

(Nota: no muestre estas notas a los ocupantes.
Si piden una copia de la entrevista, omita esta parte).

Integridad general de los ocupantes. ¿Parecen sinceros al decir sus relatos? Si no es así, explique:

_____

_____

_____

_____

_____

¿Cada recuento de los eventos paranormales es consistente? Si no es así, explique:

_____

_____

_____

_____

_____

¿Los ocupantes concuerdan en los eventos relacionados en los relatos? Si no es así, explique:

_____

_____

_____

_____

_____

¿Cree que algunos de los ocupantes desearían hacer un fraude para llamar la atención de alguna forma? En tal caso, explique:

_____

_____

_____

_____

_____

¿Cree que puede haber una razón para pensar que los relatos paranormales serían el resultado del uso de drogas, condiciones psicológicas,
demasiada imaginación o fraude? En tal caso, explique:

_____

_____

_____

_____

_____

Formulario tres: preguntas de investigación

Información general

Fecha y hora: _____

Investigador: _____

Localización de la actividad paranormal: _____

Localización de la información acumulada: _____

Información del área

Fecha de construcción: _____

Anteriores ocupantes y fechas de residencia:

_____

_____

_____

¿Fue construida en un campo de batalla o sitio sagrado? Explique:

_____

_____

_____

¿Hubo tragedias o muertes asociadas con el área? Explique:

_____

_____

_____

¿Han habido otras construcciones en el sitio anteriormente? Explique:

_____

_____

_____

¿Otra información interesante o anómala que pueda ser pertinente a su investigación? Explique:

_____

_____

_____

Formulario cuatro: lista de los pasos a seguir

Información general

Fecha y hora: _____Investigador: _____

Localización de la actividad paranormal: _____

Otros investigadores presentes:_____

_____

Lista del material

❏ Cámara
  ❏ Película, tipo:_____
❏ Grabadora
  ❏ Audiotape, tipo:_____
❏ Baterías
❏ Detector de radiación de microondas

❏ Detector electromagnético
❏ Lápiz/papel
❏ Termómetro
❏ Brújula
❏ Reloj/cronómetro
❏ Botiquín

Condición física de la propiedad

Evaluación

1	2	3	4	5
Muy alto	Un poco	Normal	Muy poco	No en absoluto

1. ¿La propiedad en general parece estar en buen estado?

        1 2 3 4 5

2. ¿Alguna de las siguientes condiciones es evidente en el área que está investigando?

Ventanas con corrientes de aire	**1 2 3 4 5**
Pisos inestables/quebradizos	**1 2 3 4 5**
Tuberías ruidosas	**1 2 3 4 5**

Observación inicial del investigador

3. En el área con posible actividad paranormal, usted observa:

Cambios de temperatura	**1 2 3 4 5**
Apariciones	**1 2 3 4 5**
Sensación de ser observado	**1 2 3 4 5**
Repentinos cambios de humor	**1 2 3 4 5**
Voces indescifrables	**1 2 3 4 5**
Problemas eléctricos	**1 2 3 4 5**
Objetos que desaparecen	**1 2 3 4 5**
Impresiones psíquicas	**1 2 3 4 5**

Formulario cinco: documentación de eventos paranormales

Hora: _____ Localización: _____ Investigador: _____

Eventos:

_____

_____

_____

_____

_____

Hora: _____ Localización: _____ Investigador: _____

Eventos:

_____

_____

_____

_____

_____

Hora: _____ Localización: _____ Investigador: _____

Eventos:

_____

_____

_____

_____

_____

Formulario seis: resultados de la investigación

Hora: _____ Localización:_____ Investigador: _____

¿Evidencia fotográfica, grabada, o de otra forma? En tal caso, liste abajo:

_____
_____
_____
_____
_____
_____

¿Señales encontradas de manipulación o fraude? (En tal caso, explique):

_____
_____
_____
_____
_____
_____

Conclusión de la investigación. Dé todos los detalles necesarios:

_____
_____
_____
_____
_____
_____
_____
_____
_____

Apéndice B
Sitios en Internet útiles para investigar

MUCHOS SITIOS EN Internet brindan información para este tipo de investigación. Los enumerados en estas páginas son recomendados debido a la beneficiosa información que proveen. Éstos no son los únicos disponibles en la red; cada día están siendo creados sitios nuevos dedicados a estudios paranormales.

Comparar relatos

Reportes de otros eventos paranormales pueden ser usados para compararlos con sus propias investigaciones. Puede usar reportes bien documentados como guía para escribir los suyos o buscar similitudes en los fenómenos individuales. Además, con el tiempo podrá diferenciar los relatos auténticos de las trampas fabricadas. Tener tal habilidad es vital en este trabajo.

Fotografías de espíritus

Muchos sitios en Internet ofrecen imágenes de fantasmas y espíritus de todo el mundo. Muchas de ellas son de personas corrientes que fortuitamente han captado apariciones en fotografías familiares, y algunas son de investigadores paranormales que intencionalmente han tomado estas fotografías.

De nuevo, hay una advertencia cuando vea estas fotografías. Aunque muchas imágenes pueden parecer legítimas, algunas pueden ser el resultado de problemas técnicos con la película o la cámara (doble exposición, humedad en el objetivo, etc.) o completos fraudes. Examine estas fotos periódicamente para determinar si puede distinguir las auténticas de las falsas.

Información actualizada sobre fantasmas y eventos paranormales

Las teorías sobre lo paranormal son actualizadas a medida que más información es descubierta y estudiada. Al aprender más acerca de este fenómeno, se desarrollan más investigaciones serias y más datos son reunidos. Esto a su vez permite a los profesionales ofrecernos teorías e hipótesis que pueden hacer entender un poco más fácil la naturaleza de los fantasmas y espíritus.

Organizaciones profesionales

Recomiendo en forma especial formar parte al menos a una o dos organizaciones relevantes. Su integridad y credibilidad aumentarán si pertenece a una organización reconocida a nivel nacional. Existe una inclinación a tener más confianza en las credenciales y asociaciones, y hacer parte de un grupo organizado da más tranquilidad a quienes lo consultan. Hay un gran número de grupos paranormales nacionales. Hacer una selección cuidadosa y determinar sus propósitos es muy importante para encontrar una organización que pueda aprovechar al máximo.

La siguiente es una lista de sitios en Internet con los que tengo experiencia personal. Cada uno tiene vínculos con otros sitios interesantes sobre fantasmas y lo paranormal.

MAJDA Paranormal Group Website
www.majda.net

Este es el sitio oficial de uno de los grupos paranormales más respetados y de mayor crecimiento en el Este de los Estados Unidos.

Haunted Parkersburg Tours
www.hauntedparkersburg.com

Esta es la página del popular tour de Susan Sheppard, que ha sido un éxito durante los últimos años.

Moundsville Penitentiary Ghost Hunt
www.wvpentours.com/events.htm

Este tour da a las personas la oportunidad de explorar periódicamente los pasillos de la penitenciaría para buscar fenómenos paranormales.

International Ghost Hunters' Society
www.ghostweb.com

El sitio oficial de la IGHS ofrece una asociación de entrada libre a quien esté interesado en lo paranormal. También da oportunidades para clases sobre estas investigaciones, artículos educacionales gratis sobre el mismo tema, y muchas cosas más. ¡Un buen sitio para aprender todo lo referente a la cacería de fantasmas!

Glosario

Actividad paranormal: una aparición repetida de fenómenos asociados con fantasmas, espíritus o duendes. Puede ser una combinación de puntos fríos, apariciones, objetos extraviados y otras formas de actividad paranormal que tienden a ser presenciadas por más de una persona durante un período de tiempo prolongado.

Aparición: la presencia de un fantasma o espíritu, usualmente tomando la forma de una imagen visual de una persona fallecida en la vida real o en fotografía. Sin embargo, hay apariciones basadas en cada uno de los cinco sentidos. Las apariciones visuales, auditivas, táctiles y olfativas pueden aparecer combinadas, pero en ocasiones sólo actúa uno de los sentidos. Muy pocas veces el sentido del gusto se involucra en este fenómeno. Ejemplos incluyen:

Visuales: la aparición de una persona que en vida estaba asociada con el área.

Auditivas: sonidos de pasos, voces, puertas o batallas son los tipos más comunes de estas apariciones.

Olfativas: olores como de perfume o humo de cigarro, asociados con el área, una persona o acontecimiento.

Táctiles: sentir un viento suave en una habitación cerrada, o un ligero tirón en la ropa de una persona sin ser provocado por alguien.

Actividad paranormal: una aparición repetida de fenómenos asociados con fantasmas, espíritus o duendes. Puede ser una combinación de puntos fríos, apariciones, objetos extraviados y otras formas de actividad paranormal que tienden a ser presenciadas por más de una persona durante un período de tiempo prolongado.

Aura: energía o fuerza vital que rodea a todos los individuos vivos. El color de un aura puede determinar el humor o la condición física de una persona. Los espíritus a veces pueden usar un aura física para obtener energía, agotando de este modo al individuo de quien la tomaron.

Comunicación en sueños: experiencia en la cual un difunto (espíritu) puede manifestarse en forma de un sueño para comunicarse con los vivos. Por lo general está asociada con la muerte reciente de la persona que intenta hacer contacto para comunicarle su muerte al soñador.

Duende: término para describir un "fantasma ruidoso". Una manifestación paranormal que por lo general se enfoca alrededor de una persona (puede ser un adolescente atravesando la pubertad), en la cual algunos objetos desaparecen o son tirados a todas partes. El individuo en el cual se enfoca el fenómeno es llamado epicentro. Hay muy poca comunicación entre el espíritu y el epicentro, y muchos investigadores creen que su aparición es debido a una capacidad telequinética latente en lugar de un espíritu.

Epicentro: persona o personas en las que tiende a enfocarse un duende o fenómeno paranormal. Los eventos paranormales pueden aumentar cuando el epicentro está presente.

Espíritu: la verdadera conciencia o alma de una persona que ha fallecido y continúa siendo observada en un área. Hay cuatro razones importantes para que el espíritu esté presente: (1) la persona no reconoce su muerte; (2) hay un asunto inconcluso o una promesa no cumplida después de la muerte; (3) el espíritu intenta despedirse de un ser querido; y (4) el espíritu ha regresado para dar consejo y dirección.

Fantasma: el registro de una o más personas u objetos que han tenido una rutina fija o una experiencia emocional intensa. Este registro no es sensitivo, sino algo que aparece una y otra vez, perdiendo energía e intensidad gradualmente. Puede ser recargado bajo ciertas circunstancias, tales como la aparición de determinadas personas. (Vea *Epicentro*).

Grupo paranormal: un grupo de personas dedicadas a discutir, investigar o explorar posibles explicaciones a eventos paranormales o sobrenaturales.

Investigador de fenómenos paranormales: alguien que investiga eventos paranormales. Hay dos tipos investigadores. El primero es de naturaleza científica que usa métodos y equipos científicos para hacer observaciones y cálculos precisos de una actividad paranormal. El segundo tipo es de carácter psíquico o intuitivo, que usa impresiones psíquicas o intuición para investigar un área con actividad paranormal.

Manifestación: las señales tangibles de un fenómeno paranormal, incluyendo las táctiles, auditivas, olfativas y visuales. Estas pueden ser medidas en una investigación y usadas para apoyar la evidencia de que un lugar presenta actividad paranormal. (Vea *Aparición*).

Médium: una persona que canaliza un espíritu, o a través de la cual se comunica un espíritu o entidad.

Paranormal: cualquier cosa fuera del rango normal de explicación. El término es usado en conjunto con fantasmas, ovnis y otros fenómenos que no pueden ser explicados por teorías e hipótesis científicas tradicionales.

Percepción extrasensorial: la mayoría de personas tiene esta capacidad, aunque puede permanecer inactiva toda la vida. En muchos casos, un acontecimiento traumático puede permitir a un perceptor comunicarse con el espíritu de un difunto.

Perceptor: un individuo que observa un evento paranormal o está involucrado en él.

Posesión (de una persona por un espíritu): la entrada de un espíritu en el cuerpo de un huésped dispuesto o indispuesto, en la cual el espíritu toma control de las funciones motoras y cognoscitivas del individuo.

Registro: vea *Fantasma.*

Sesión de espiritismo: una reunión de personas hecha para contactar el espíritu de un ser querido fallecido u otra persona (puede está conformada por un médium, asistentes, familiares del difunto u otros individuos interesados). Muchas sesiones fueron desenmascaradas como trampas o fraudes a finales del siglo XVIII y comienzos del siglo XIX.

Tabla ouija: una tabla con letras y números sobre la cual se pone una tabla de escritura espiritista (o marcador) para comunicarse con los espíritus de los muertos. Es utilizada en adivinación, y puede atraer espíritus diferentes a los que inicialmente se buscaban. Es muy difícil liberar un área de un espíritu que ha sido conjurado a través de una tabla ouija.

Trampa: una serie de eventos planeados con anticipación para dar la impresión de que está ocurriendo algo paranormal en un determinado lugar. Puede ser creada por personas que desean llamar la atención o para desacreditar o probar a un investigador o parapsicólogo.

Vórtice: el centro de energía espiritual, donde es enfocada o concentrada. Puede ser acompañado por puntos fríos, alteraciones electromagnéticas y una mayor actividad paranormal.

Bibliografía

Bodine, Echo. *Relax, It's Only a Ghost.* Boston, Mass.: Element Books, 2000.

Blackman, W. Haden. *The Field Guide to North American Hauntings.* Three Rivers, Calif.: Three Rivers Press, 1998.

Coleman, Christopher K. *Ghosts and Haunts of the Civil War.* Nashville, Tenn.: Rutledge Hill Press, 1999.

Guiley, Rosemary. *The Encyclopedia of Ghosts and Spirits.* New York, N.Y.: Facts on File, 1999.

Hauck, Dennis W. *Haunted Places: The National Directory. A Guidebook to Ghostly Abodes, Sacred Sites, UFO Landings, and Other Supernatural Locations.* New York, N.Y.: Penguin Books, 1996.

Holzer, Hans. *Ghosts, Hauntings, and Possessions: The Best of Hans Holzer, Book I. Vol. 1.* St. Paul, Minn.: Llewellyn Publications, 1990.

————. *Where the Ghosts Are: The Ultimate Guide to Haunted Houses.* New York, N.Y.: Carol Publishing Group, 1995.

Marsden, Simon. *The Haunted Realm: Ghosts, Spirits, and their Uncanny Abodes.* Syracuse, N.Y.: E.P. Dutton, 1987.

Myers, Arthur. *Ghostly American Places.* New York, N.Y.: Random House Value Publishing, 1995.

Mesbitt, Mark V. *Ghosts of Gettysburg: Spirits, Apparitions, and Haunted Places of the Battlefield.* Gettysburg, Pa.: Thomas Publications, 1996.

Ogden, Tom. *The Complete Idiot's Guide to Ghosts and Hauntings.* New York, N.Y.: Macmillian Publishing, 1999.

Robson, Ellen. *Haunted Highway: The Spirits of Route 66.* Phoenix, Ariz.: Golden West Publishers, 1999.

Taylor, Troy. *The Ghost Hunter's Guidebook: The Essential Guide to Investigating Reports of Ghosts and Hauntings.* Alton, Ill.: Taylor Books, 1999.

Wilson, Colin. *Poltergeist: A Study in Destructive Haunting.* St. Paul, Minn.: Llewellyn Publications, 1993.

Índice

A

abertura del objetivo, 71

actividad paranormal, x, xii, xvii, xxi, xxii, xxiv,
xxviii–xxix, xxxi–xxxii, xxxiv–xxxv, xxxvii, 1, 3, 5–6,
8, 12, 15, 17, 19, 23–25, 27–29, 31–35, 37–39, 43–46,
57–59, 62–63, 65, 74, 82, 85–86, 89, 93–94, 101–102,
104, 106

almacenamiento de datos, 38

animales, 4, 15

aparición(es), 5, 7, 10–12, 18, 20–21, 23–25, 39–40, 43–45,
50, 52–54, 69–70, 94, 98, 101–104

área administrativa, xxxiii–xxxvi

auditivas, 3–4, 24, 101–102, 104

Aura (s), 3, 23–24, 49, 102

LLEWELLYN ESPAÑOL

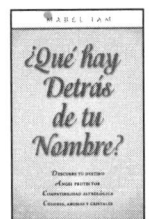

MABEL IAM

¿Qué hay Detrás de tu Nombre?

DESCUBRE TU DESTINO
ÁNGEL PROTECTOR
COMPATIBILIDAD ASTROLÓGICA
COLORES, AROMAS Y CRISTALES

Mabel Iam

¿QUÉ HAY DETRÁS DE TU NOMBRE

Mabel revela en esta obra cómo emplear las
cualidades y los poderes en nuestro nombre
para fortalecer el autoestima y mejorar
las relaciones con los demás. Contiene el
significado de las letras, la personalidad detrás
de los nombres, el Ángel correspondiente para
cada nombre y su compatibilidad astrológica.

5³⁄₁₆" x 8" • 382 págs.
0-7387-0257-9

Dra. Adrian Calabrese
OBTENGA ÉXITO
Utilice el poder de su mente

El secreto para convertir sus sueños en
realidad se encuentra en usted.
—Poderosas reservas espirituales e intuitivas
que le permiten alcanzar sus metas
y transformar su vida—.
Aprenda rapidamente a realizar
sus deseos con este práctico libro.

7½" x 9⅛" • **288 págs.**

0-7387-0215-3

… LECTURAS PARA LA MENTE Y EL ESPÍRITU

Oferta especial: ¡Reciba su carta astral gratis!

Cómo entender
su carta
Astral

Octavio Déniz

Octavio Déniz

CÓMO ENTENDER SU CARTA ASTRAL

La carta astral es la herramienta más eficiente
para interpretar la relación entre el
ser interior y el universo.
Cómo entender su carta astral le enseñará a
entender los elementos que conforman
la carta astral para comenzar una exploración
fascinante hacia el universo interior.

7½" x 9⅛" • 312 págs.

0-7387-0215-3

Barbara J. Bishop
PRINCIPIOS DE LA NUMEROLOGÍA
Cada carta y número tiene un poder
y vibraciónes particulares.
Conozca el significado escondido
en los números y participe activamente
en su descubrimiento personal.
7½" x 9⅛" • 240 págs.
1-56718-071-X

Elaine Mercado

APARICIONES

Historia real sobre una familia y sus esfuerzos
para convivir con entidades paranormales
durante un largo período de tiempo.

6" x 9" • 192 págs.

0-7387-0214-5

Stephanie Clement, PH. D.
MEDITACIÓN PARA PRINCIPIANTES
Por medio de simples ejercicios, aprenda a
meditar paso a paso para lograr los beneficios
de ésta práctica espiritual. Mejore la
concentración, relájese en minutos,
trabaje con sus innatas capacidades de curación.

5³⁄₁₆" x 8" • 264 págs.

1-56718-071-X

Richard Webster

QUIROMANCIA PARA PRINCIPIANTES

Realice fascinates lecturas de la mano a
cualquier momento, y en cualquier lugar.
Conviértase en el centro de atención con sólo
mencionar sus habilidades como adivinador.
Una guía que cubre desde las técnicas básicas,
hasta los más recientes estudios en
el campo quiromántico.

5³⁄₁₆" x 8" • 240 págs.

0-7387-0396-6

Llewellyn
ÁNGELES 2004

Un regalo para la vista y el espíritu.
Más que un calendario, esta es una obra de arte
digna de admiración. Su contenido único con
oraciones y meditaciones, le ayudarán a comunicarse
directamente con los ángeles cada día del año.

13" x 9½" • 24 págs.

0-7387-0385-0